老年医療の専門医が教える

誰よりも早く準備する健康長生き法

大津秀一

サンマーク出版

はじめに

「質の高い人生」を過ごすために見直したいこと

結論から言います。人生の後半部分、すなわち40代から……特に60代以後を楽しく過ごすためには、この本に記しているような**誰よりも早く準備する健康長生き法**の実践が必要です。

まずは、身体《からだ》が資本です。人生設計が家だとすると、健康は土台ということになります。設計が精緻でも土台や基礎工事がしっかりしていなければ、設計通りにはいきません。そのため、現実世界には付き物の「雨風」や「地震」があってもびくともしないような強固な土台にすべく、これから紹介するような次の３つ、

●**病気になりづらくする**
●**寝たきりにならない**
●**ピンピンコロリを目指す**

これらのための**健康長生き法**をできるだけ実践してゆくことが大切です。

「病気になって誰かに迷惑をかけたくない」という方は少なくないと思います。健康は自分だけではなく、家族などの周囲にとってもメリットがあるものです。身体が財産です。身体を損ねなければ第二の人生、いくらでも新たな展開をつくれます。

本書では、2006年から一般向けにわかりやすく医療情報をお伝えしてきた医師としての知識や経験から、その方法を徹底的に解説したいと思います。

私は、医師の中でも、患者さんの心身の苦痛を和らげ、より良い時間を過ごせるようにする**「質の医療」である緩和ケアの専門家**です。これまでがんの方だけでも3750人以上を診療し、2000人以上を看取《みと》ってきました。

今は早期から緩和ケアを行うのが当たり前で、国もそれを奨励しています。

そのような状況の中で、私は、病気の進み具合を選ばずに、そして病気が何であっても（がんはもちろんそれ以外の病気でも）、早期から緩和ケアを提供し、その方と一緒に「生活の質」を追求する専門クリニックを日本における嚆矢《こうし》となるべく設立しました。

そのため、最近では健康なご高齢の方の相談を受ける機会も増えています。

また、非常勤先では在宅医療や高齢者療養施設への訪問診療なども行っており、様々な状況のご高齢の方を診察し、医療に限らず多様な相談を受ける立場にあります。

つまり今、現場で何が起きているのか、皆さんが何で悩んでいて、何を事前に準備したらいいのか、それをよく知っているのです。実地で患者さんを専門医として診療する立場であり、日本の現状をよく知っている医師が書いているというのが、本書を他と比べたときの特筆すべき長所となるでしょう。


もうひとつ、緩和ケア医ならではの視点があります。

それは緩和ケアの考え方では、苦痛を4つの側面から捉えることです。

人の苦しみには4つあることを皆さんはご存知でしょうか？

ひとつ目は**身体のつらさ**。痛みや吐き気や息苦しさ、食欲がない、など、これからの章でも解説する身体の不調です。

けれども人のつらさはそれだけではありません。

ふたつ目は、**気持ちのつらさ**です。気持ちのつらさを自覚したことがない方はいないでしょう。不安感や恐怖、絶望や孤独感、中にはうつ病になったり神経症になったりする方もいます。そのような気持ちのつらさを予防し、あるいは和らげることも、質の高い生活のためには重要です。

みっつ目は、**社会的なつらさ**です。つらいのは身体と心ばかりではありません。経済的な問題や、家族との人間関係、仕事の問題などの、社会的なつらさというものがあります。たとえ心身にそれほど問題がなくても、生活に困窮したり、周囲の人と劣悪な関係にあったりすれば、それも十分生きるつらさとして立ち現れます。

最後は**スピリチュアルペイン**です。

スピリチュアルというと、日本での一般的なイメージでは亡くなった人を口寄せするような印象が強いかもしれません。しかし、そのような降霊術的なことではなく、ここで言うスピリチュアルは、**世界保健機関（ＷＨＯ）の緩和ケアの定義**にも含まれているもので、スピリチュアルペインとは主として**「存在」に関するつらさ**と考えることができます。

スピリチュアルという言葉をもう少し詳しく言うなら、人生の意味、希望、安らぎなどを見出《みいだ》す心の奥深くのことでしょう。例えば、足腰が衰え、自分のことを自分で決めたり、行ったりできなくなるとどうなるでしょうか?

「このような状態で生きている意味がない」

「私は何のために生きているのか?」

「いっそもう死にたい」

など、**〝生きる意味のゆらぎ〟**が出てくるのです。

そうやって人のつらさが絡み合っていくのです。

①身体のつらさ
②気持ちのつらさ
③社会的なつらさ
④スピリチュアルペイン

例えば将来、転倒して骨折してから立ち居振る舞いが障害され**(身体のつらさ)**、子どもも夫婦に世話になることになり、温かく接してもらえなければ**(社会的なつらさ)**、孤独感も強まり**(精神的なつらさ)**、なんで生きているのだろうなどのスピリチュアルペインも出てくるでしょう。

本書**『誰よりも早く準備する健康長生き法』**では、この身体だけではなく、気持ちや社会的な側面、スピリチュアルな側面まで**「健康で長生き」**を想定して書かれますが、それは緩和ケア医ならではの視点だからなのです。

「人生に必要な準備」と「医療」こそ健康で長生きする法則

私は2000人以上の方の終末期に接してきましたので、最期を迎えるときに人々が抱く様々な後悔を伺ってきました。

病気によっても異なりますが、がんの場合などは、予測していなかったという場合も少なくありません。

病気になってからの様々な準備は、健康なときよりも、身体的にも、気力的にも大変な可能性がありますし、病気が進んでからの準備は、病気になってすぐの準備よりも大変になります。

厳しい病気と向き合う現場でよく使われる言葉があります。

それは**「最悪に備え最善を望む」**です。

私たちは誰も不幸に陥りたくはありません。

一方で、残念ながら、人の死亡率は１００％です。いつか必ず、死をもって生涯を閉じます。それこそ私はその現実を、20年にわたってつぶさに見てまいりました。

人は必ず死ぬのです。

しかし、それだからこそ、その限られた時間をより良くしようとすることができます。

後悔が少なく旅立たれた方は、「誰よりも早く」そのことを受け止め、人生をより良くさせようと試み、たとえいざ厳しい状態となっても「最悪に備えて最善を望む」ことを実践された方たちでした。

悲観的に準備するのではなく、**「今日と明日をもっと良いものにしよう」**と楽しんで生きられたのです。

先ほど健康が土台であるという話と、病気になってそれが進むほど準備が身体的にも気力的にも難儀になるという話をしましたが、健康に気を遣うことは大切ですし、何か身体の問題が生じた際に、速やかに医療を活用することも重要です。

医療は正しく使うことで、元気と長生きにつながります。

強い偏見を持っていたり、使い方が良くなかったりすると損をするかもしれません。健康や医療に関して最低限の知識を持っておくことは重要で、それは本書でも解説します。

健康で長生きする人の習慣

これはあくまで個人的な感覚ですが、長生きされている方の中に、「私はこんなに長生きするとは思わなかった。身体がそんなに強いほうじゃなかったから」という方がいます。それなのに80代や90代を迎え、日常生活は自立されながら、楽しみを上手に見つけて過ごしていらっしゃいます。

もちろん、風邪もめったにひかないという頑健な方もいらっしゃる一方で、そのような方もおられるのです。

そのような方たちは、もともと身体があまり強いという認識がないわけですから、次のような特徴があります。

・日々節制し、羽目を外しすぎない

・調子が悪いと比較的早めに病院にかかって、それに抵抗感がない

さして身体が強くないという思いがあるわけですから、それが習慣になっているのです。

世の中には、**「健康＝病気にならない」**という感覚がありますが、そうとも限りません。健康でも突然死病となれば、短命もありえます。

そのような重大な病気にならなかったり、あるいは早期に対処したりすれば、長生きできるのです。楽観的なことは大切ですが、それも過度だと過信や、不節制、病院にかからないことにつながります。

先ほどの「最悪に備え最善を望む」は行動ばかりではなく、思考にも当てはまり、バランスの良いものの捉え方や、困ったら医療なども含めて速やかに適切に専門家に相談するということが、ひょっとすると長生きにつながるのかもしれません。

また情報過多の現代においては、正しい情報を収集し、誤った情報を盲信しない、信じすぎないということも大切な要素になっています。

極端な健康法にハマってしまって、むしろバランスを崩してしまう……という方もいらっしゃいます。バランス感覚も、長生きに関係しうる要素と言えるかもしれないのです。

さて、ここではっきり言います。

私の本を手に取られている方はラッキーです。

なぜなら、健康・医療の専門家の本には怪しいものも多く、盲信することで健康を害したり、場合によっては選択を間違って早死にしたりしかねないものまであるからです。

世の中には、なかなか思うようにならない**「運」**というものもあります。めぐり合わせが悪ければ、どれだけ努力してもなかなか厳しい現実になるのは読者もご存知でしょう。

とはいえ、どんな状況でもやれることは必ずあります。

この本には、まともな背景をもとにした誠実な情報が詰まっています。

人生の後半戦が、前半戦より長くなっているこの時代。

どのようにソフトランディング、すなわち、しなやかに人生の終わりに向けて着陸してゆくのかがとても重要となっています。

著者は理論家ではなく、現場で生き、老い、病で亡くなる方を見続けてきた実践家であり臨床家です。現実的なガイドをするうえで、それは長所であると考えています。

本文には、これまで診てきた患者の皆さんからよく聞かれる問いを「Q&A」方式でわかりやすくまとめている点も特徴のひとつと言えます。ご活用ください。

ぜひ最後までおつき合いいただければ幸いです。

そうすればきっと、皆さんの飛行機は、コースを誤らず、実にスムーズに着陸することができるでしょうし、悪天候においていかに姿勢を安定させ、最寄りの空港にたどり着くのかを把握いただけることでしょう。

著者

おことわり：本書の各事例は個人が特定されないように、実例をもとにしつつも諸調整を加えていることをお伝えしておきます。

老年医療の専門医が教える
『誰よりも早く準備する健康長生き法』 目次

はじめに

序章 「後悔しない」人生設計のすすめ方

第1章 いつまでも元気でいられる「身体」をつくる

第2章 いつまでも病気にならない「食事」「運動」「睡眠」の知識

3 医療の章

4 財産（及び各種契約）の章

序章

「後悔しない」人生設計のすすめ方

寿命が延びて「人生100年時代」がやってきた

正しい準備を行えば、病気をできるだけ遠ざけ、寝たきりや認知症と縁遠い生活が送れます。本書では、そのために**「自分でできる準備」**を記していきます。

2017年の日本人の平均寿命は、女性が87・26歳、男性が81・09歳です。

そして2017年発行の簡易生命表によると、同年生まれの日本人だと男性の75・3%、女性の88・1%が75歳まで生きられるのだとか。男性は4分の3、女性に至っては9割近くが後期高齢者になります。

しかも男性は25・8%、女性は50・2%が90歳まで生きるのです（女性は半分が90歳に到達できます）。今も高齢者療養施設では、90歳以上の方がたくさんいらっしゃいますし、100歳超えも稀《まれ》ではありません。これからもその流れは変わることがないでしょう。

現代は、長生きはむしろ当たり前なのです。

かつては、定年を迎えた後の生存期間はそれほど長いものではありませんでした。

今よりひとつ前の時代となった平成元年で見てみましょう。

その頃の平均寿命は、男性75・91歳で、女性は81・77歳でした。

男性で言えば、今でいう後期高齢者になると、余命はそれほど（平均では）長くなかったですし、定年が60歳ならば残りの時間（の平均）は男性で16・22年、女性では19・95年程度だったわけです。それが6年余り増え、しかも女性ならば90歳超えがめずらしくなく、その後の人生はまだ30年以上もあります。そのため、これまでは定年後をあまり意識しないで済みましたが、これからはそうではありません。

定年は60歳、そう考えると人生を3つに区切ることができるでしょう。

〜30歳　若者（若年のがん患者さんを示すＡＹＡ世代も30代までという考え方が多く符合します）

31〜60歳　仕事の時代

61歳〜　定年後

この60歳（もちろん定年を遅らせる方はもっと上の年齢からですが、働き方は60歳以前とは変わることが多い）から先をいかに生きるか、人によっては30年どころか40年以上ある人生をどう生きるのか……それが超高齢社会の私たちに突き付けられているのです。

平均寿命の推移と将来推計

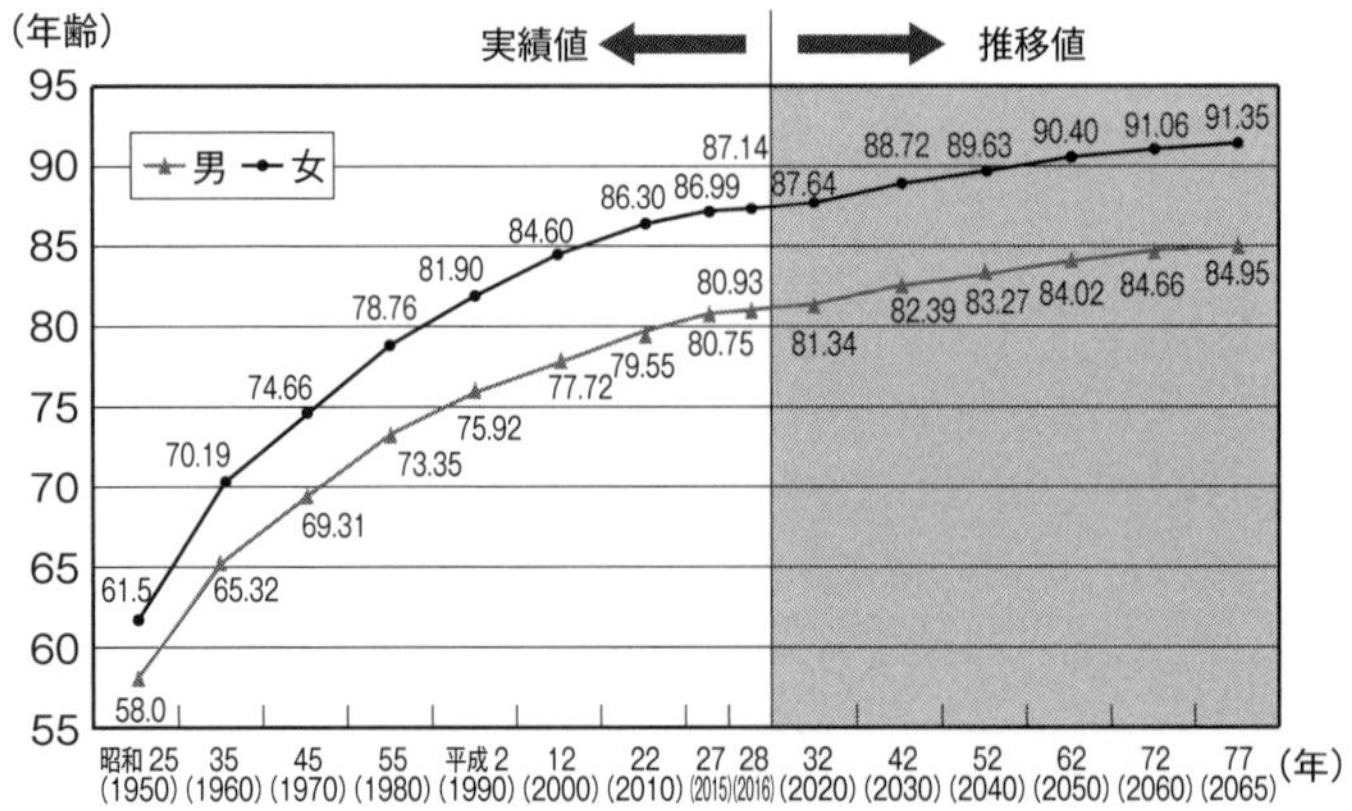

資料：1950年は厚生労働省「簡易生命表」、1960年から2015年までは厚生労働省「完全生命表」、2016年は厚生労働省「簡易生命表」、2020年以降は、国立社会保障・人口問題研究所「日本の将来推計人口（平成29年推計）」の出生中位・死亡中位仮定による推計結果

（注）1970年以前は沖縄県を除く値である。0歳の平均余命が「平均寿命」である。

出典：内閣府 平成30年版高齢社会白書（全体版）
https://www8.cao.go.jp/kourei/whitepaper/w-2018/html/zenbun/s1_1_1.html

意外と長い「定年後」は働く老後となる

もちろん資産形成の度合いなどで、定年通りに退職しても、困らず生活できる方もいらっしゃるでしょう。

一方で、まったく収入がなくなるというのはストレスになるものです。そして、長生きすればするほど、目減りするお金にストレスを感じながら生きていかなければならなくなる可能性があるのです。

最近では、がんを患っても仕事を続けることのメリットが知られています。メリットは、「生きがいの保持」「社会的な関係の存続」などだけではなく、経済的な安心へとつながります。定期的な収入が絶たれることは、単に経済的な問題だけではなく、心理的にも負荷を与えるものです。

働かないと、ニュースなどで話題となった「老後には2000万円を超える貯金が必要」になる可能性もあります。

それでは働くとしたらどうでしょうか?

ある試算では、夫婦で月8万円を稼げば不安がない生活を送れるとありました(※1)。また、アルバイト求人誌「an」の調査によると、60~79歳のシニアのアルバイトでは、なんと平均月10万4520円を稼ぎ、6~10万円の報酬を得ている人が37%といちばん多く、次が10~15万円で30%を占めているのです。

もちろん余剰資金で投資などをすることもよいとは思います。

けれども、それには向き不向きもあることは否めないでしょう。

また、一般的な労働を通して、職場の人やお客さんとコミュニケーションを図ることや、身体《からだ》を動かすことは、単にお金だけではない価値をもたらしてくれるでしょう。

実はこのようなことは、より長く元気に生活することとも関わってくるのです。

また認知症などの予防にもなるはずです。

ただし、心身(及び経済的に)健やかであることを保つために仕事をするには、一定の水準の健康が必要となることは言うまでもありません。

良い循環を形成するためにこそ健康が必要なのです。

そのため、定年前から病気になりにくい心身のメンテナンスが重要となるのです。

すでに働く定年後は始まっている

データは、すでに働く定年後を指し示しています。

記事『「70歳まで働く時代」の現実　シニア労災が急増、すでに26％は60歳以上』(※2)によると、「実際には、すでに4割近くの人が70歳になっても働いている」(ニッセイ基礎研究所の斎藤太郎主席研究員)のだそうです。

2018年の70歳の就業率は実に36％もあります。

平均退職年齢も上がり続けていて、69・9歳(2018年)になっているとのこと。要するに、実質的に定年は10年延長しているとも言えます。

また同記事によると、2012〜2018年の間に増えた非正規労働者304万人のうち60歳以上が190万人と実に半数以上を占め、特に60代後半の人が増えていると。

仕事中、けがをする高齢者が増えていて、労働災害による死傷者のうち、60歳以上は18年に約3万3000人となりました。すべての年齢のうち26％を占めます。10年前に比べ、約1万人増えたことになります。「働く高齢者が増えて事故も増えている」（厚生労働省）そうです。

しかもその事故の内訳が……。

一体どのような事故が増えているのでしょうか？

それは**「転倒」**です。2018年の労災の死傷災害の4分の1が転倒だったそうです（厚生労働省）。前掲の記事（※2）によると「昔は機械に挟まれるといった事故が多かったが、今はちょっとした転倒で、労災につながるようなけがをしてしまう」（関東地方の労働基準監督署）とのこと。

身体を壊せば、富も生み出せません。

定年後には、やはり若いときと同じようにいかず、転倒が仕事中に起きてしまうこともあるのです。そのため健康で文化的な最低限度の生活を送るに足る**「心身の力」**とそれを支える**「食事と運動、睡眠」**が欠かせないという話につながってきます。

次章以降に述べる「定年後に身体を壊さない心身のつくり方」が必要になっているのです。

質の高い生活習慣に必要な「健康と医療」

昔から「身体が資本」と言われます。

本当にその通りです。資本を生み出せるのも、身体がしっかりしているからであり、その意味でも当てはまる言葉です。

この本をお読みの方の中には、もしかすると医療嫌いの方がいらっしゃるかもしれません。健康は、もちろん医者要らずになるためにも重要です。

自分でできることを行うのは大切です。しかし、人の死亡率は100％ですから、いつか何らかの病的な状態になるのは100％回避することができません。

その際に、どう賢く医療を利用するかによって運命は激変します。

はっきり言えば、医療の使い方がまずければ早死にする可能性も高まるでしょう。

あるいは、人によっては医療費にお金ばかりかかって、あまり意味がないことをしているかもしれません。自分で言うのもなんですが、私は比較的公平な立場で情報を提供していますし、健康・医療業界とのズブズブの関係が一切ありません。

そのため、「人には勧めるけれども、自分は絶対やらない」ことは100%ありません。自分もよいと本心から思うものを勧めています。

☆

90代女性の鈴木さんは、「まさかこんなに長生きするとはね」が口ぐせです。

「先生、まさかこんなに生きるとはねえ」

お会いするたびに、そうおっしゃっていました。

鈴木さんは、昔から病気がちだったと言います。若い時分に結核を患い、大変な思いをしたのちに生還。その後も寝込んだり、ちょっとした病気で入院したりすることも度々で、節制し、常にすべてにおいて8分目で生活してきたそうです。

「まあ、欲がないぶん、お金も使わないし、その点ではよかったと思うけれども……」

「まさか90歳を超えるとはねえ……」


身体が弱いからといって、必ずしも短命とは限りません。

死病となるような大きな病気にならなければ、それほど簡単に亡くなるものでもないのです。よく言われるのは、各臓器が平均的に老いてゆく人は比較的長命です。決定的な原因がなければ、思うより長く生きられるでしょう。

また先述したように、平均寿命は延びていますから、90歳に至ることは決してめずらしくありません。鈴木さんは「身体が弱かったのに……」とおっしゃっていますが、それでも90歳超えは十分ありうることで、禁煙・節酒などに努める虚弱体質の方は少なくないため、むしろ寿命を押し上げる傾向さえあるかもしれません。

健康寿命は、男性71・19年、女性74・21年（平成25年）で、平均寿命と健康寿命の間には男性では約10年、女性では約13年の差があります。

鈴木さんは食への情熱もあまりなく、もともと摂取量も多くなく、骨密度なども同年齢の女性に比べると低い傾向があったようです。

そのため、数年前には転倒から大腿骨頸部《けいぶ》骨折を起こして、手術を受けています。

その後も、そのときの記憶があるためか、動くことに対して、ややおっかなびっくりのところがあります。

平均寿命と健康寿命の差

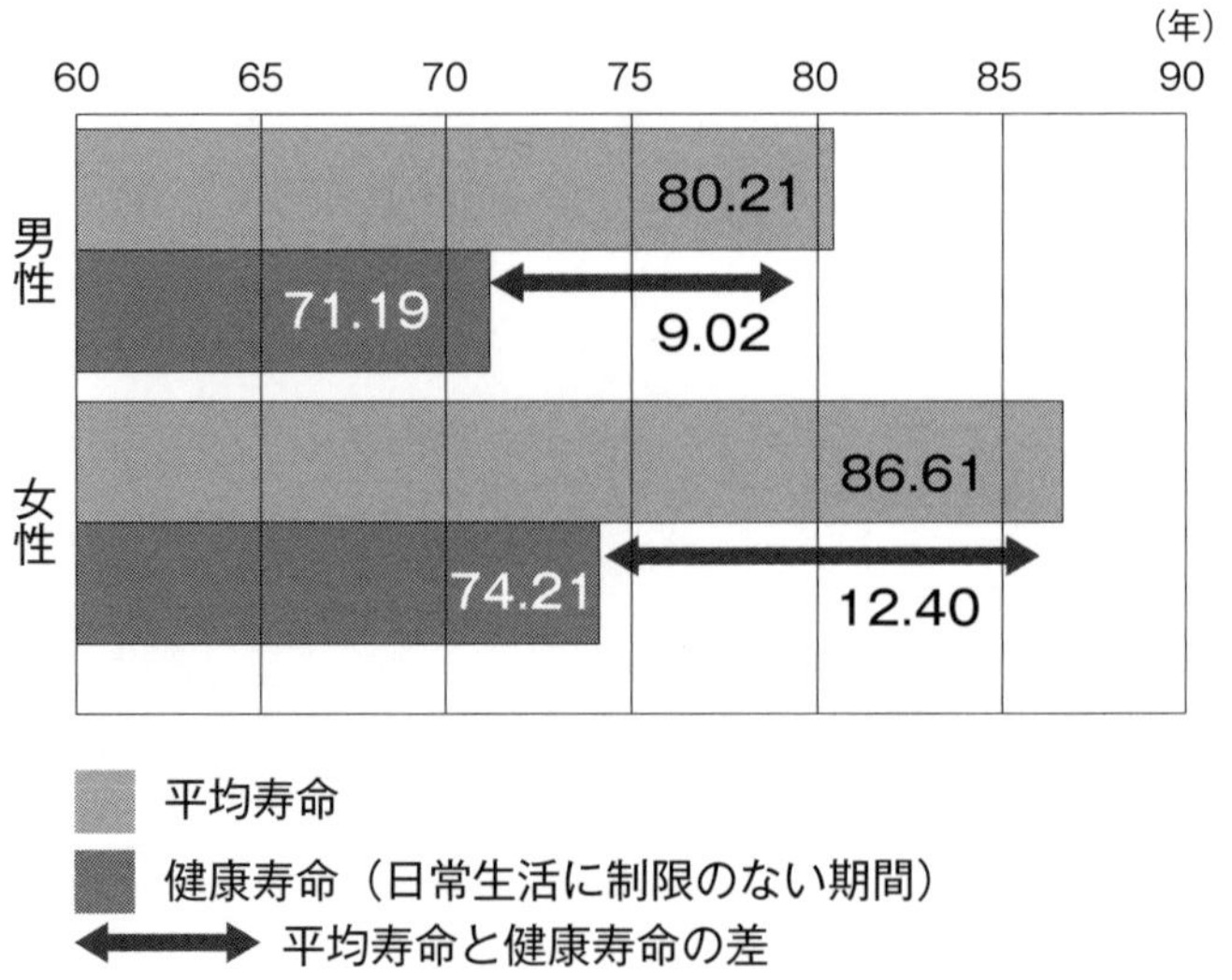

出典：厚生労働省〈https://www.mhlw.go.jp/file/05-Shingikai-10601000-Daijinkanboukouseikagakuka-Kouseikagakuka/sinntyoku.pdf〉

「転ぶのが怖くてねえ……」

どうしても転んだときのことを思い出してしまうようです。

「なかなか外にも行くのが億劫《おっくう》だし、生きているのが楽しくなくてね」

鈴木さんはあまり肉を食べませんが、魚もそれほど摂《と》っているわけではありません。最近では少しずつ痩せが進んできていて、特に太ももの筋肉はかなり減っています。

「何だか、もういいわ……って気になっちゃうわね」


同じ頃、鈴木さんと同じ90代女性の伊藤さんを拝見していました。

伊藤さんも、昔の卵巣嚢腫《のうしゅ》の手術時の輸血でC型肝炎となり、結果的に肝炎は完治したものの、病院通いとは切っても切り離せなかったという来歴があります。

ただ伊藤さんは「腰が曲がった女性にはなりたくない」という思いがありました。そのため、なるべく運動を行い、カルシウムやビタミンDも摂取するようにしてきました。

ところが数年前に一度転倒しています。幸いにして骨折はなかったものの、しばらく入院を余儀なくされ、一時臥床《がしょう》しがちの生活になりました。

生来明るいご性格なので、退院後に勧められて毎日デイサービスに行くようになりました。すると、そこでは運動を積極的に取り入れていました。

「まあ、もうそろそろお迎えが来てもよいかもね」

にこにこ笑ってそうおっしゃいますが、それほど深刻さはありません。

四世代同居で家族にも囲まれ、毎日楽しそうに暮らしています。

年齢が生きがいを決めるのではありません。

健康で人とつながっていることが「生きていてよい」という実感につながるのです。

鈴木さんと伊藤さんの例、いかがでしたでしょうか?

定年後は、これらの「健康」「関係」「医療」がキーワードです。

そして、それらには準備が必要です。

実際、鈴木さんと伊藤さんには、決定的な準備の違いがありました。

それが結果に影響していることを皆さんはおわかりになったでしょうか?

なお、その後、鈴木さんは転倒し、寝たきりになってしまい、つらい時間を過ごすことになった一方で、伊藤さんは元気に生活されているようです。

もちろんこのようなケースばかりではありませんが、できることは確実にあります。

そして一言付け加えるならば、このような生活の質を上げることを一緒に考えてくれるのが、緩和ケアの専門家である緩和ケア医なのです。

緩和ケアとは生活の質を上げるアプローチです。

終末期やがんに限ったものではありません。

それでは具体的な準備に筆を進めていきましょう。

第1章

いつまでも元気でいられる「身体」をつくる

早めに気づいておきたい病気の兆候と身体の変化

男性においては人生80年時代ですから、折り返し地点の40代から気をつけるとよいでしょう。

人間は、生まれた瞬間から「死」に向かいます。1分1秒、間違いなく衰えの方向へと進んでいくのです。

時間と物理の法則に規定されて生きている私たちは、車検で異常がなくてもそのうち問題が起きる車と同様に、経年劣化を避けることができません。

それでも車検をすることで、異常の早期発見ができる場合もあります。

もちろん生身の人間と機械は違いますが、そんな類似点もあるのです。

早期発見と正しいメンテナンスが重要となるでしょう。

以下、代表的な症状に対する解説を述べさせていただきました。

目がかすむ

60代の福山さんは、少し前から目がかすむような気がしていました。

もともとパソコンを使用する仕事で、定年後の再雇用でも仕事内容は変わりません。そのため最初は疲れ目かと考えていました。

ところが次第に、視界の真ん中がグレー色になっている気がします。

それでも生来、医者嫌いの福山さんは、飛蚊症《ひぶんしょう》のようなものかと考えて（そのようなことも以前からあったので）様子を見ながら、すぐに動こうとはしませんでした。しばらくそのままの時間が過ぎましたが……。

すると今度は、真ん中が真っ暗になってくるではありませんか！

慌てて、それでも嫌々でしたが病院に行くと、なんと診断は「加齢黄斑変性」。

50歳以上の1・3％に認められるという研究があり、しかも最近では発症する人の割合が2倍になっています（※3）。

場合によっては網膜剥離になることもあり、失明するケースもあります。

幸いにして失明には至りませんでしたが、危なかったとゾッとしました。

【解説】

テレビの番組のように、「かすんだら加齢黄斑変性！」と脅かすようなことはしたくありませんし、実際にはそうではないことが多いでしょう。

しかし中には、このような病気が隠れていることもあるのです。

最近では、中高年からのロービジョンケア（視覚の障害に対しての包括的な支援）の必要性が言われています。実際、人は視覚に多くを依《よ》っているので、もし見にくくなると生活に多大な影響を与えます。

ひとくちに「かすみ目」と言っても次のような原因が挙げられます。

- **疲れ目（調節機能の一時的な低下）**
- **白内障**
- **ドライアイ**
- **緑内障**
- **ぶどう膜炎**
- **老眼**

- **糖尿病性網膜症**
- **加齢黄斑変性**

はっきりしたことは、眼科に行かないとわかりません。
まずは身近にかかりつけ「眼科医」を探してみるのはどうでしょうか？
なお、先述の加齢黄斑変性ですが、予防につながる因子が言われています（※4）。

- **禁煙**
- **紫外線予防**
- **食事のバランス（抗酸化ビタミンやミネラル、色素ルテイン、オメガ3脂肪酸を含む食品）**

いずれも他の病気を起こしにくくなるものでもあります。

手の震え

50代男性の山下さんは、もともと緊張すると手が震えるくせがありました。

「お前はすぐに緊張がわかるな」

そのようなことを言われますが、以前からあることなので、笑って流していました。

異変に気づいたのは、半年くらい前からでした。

安静時で、別に精神的に緊張していないときにも震え始めたのです。

今まではなかったことでした。

「何だお前、また緊張しているのか？」

周囲にも言われ、だんだん不安になってきました。

どこにかかったらいいのかわからず、近くの内科クリニックに行くと、それは神経内科のほうがよいのではないかと言われました。

そこで、病院の神経内科にかかったところ、診断はなんと「パーキンソン病」。

幸いにして早めに気づいたことで専門病院ともつながり、今後の不安はあるものの、治療が開始となって震えも改善しています。

【解説】

山下さんの場合は、最初の震えはもちろん病的なものではありません。しかし途中から、パーキンソン病の震えになっていました。

震えは「本態性振戦《ほんたいせいしんせん》」という明らかな原因がわからない場合も多いものです。本態性振戦は、ご高齢の方の震えとして多く見られるもので、40歳以上では４％、65歳以上になると15％以上あるとのことです。またそれよりも若い10～30代にも見られることで知られています。

他にも小脳の病気で震えが出るようなこともあり、もちろん心配しすぎる必要はありませんが、「歳《とし》を取ったから仕方ない。よくある震えだろう」とか「前々からある震えだから大丈夫だろう」と考えていると、他の病気が進行していることがあるかもしれません。

専門は「神経内科」になります。一度相談してみることをお勧めします。

倦怠感

50代女性の藤原さんは、最近、家事をしていると疲れやすいと感じていました。娘さんのための弁当づくりに朝起きるのもしんどく、夫には「大丈夫?」と心配されます。健康診断はあまり行っていませんでした。気がつけば数年は受けていません。少し歩いただけでも息切れを自覚するようになったので、さすがに病院に行きました。するとなんと「高度の貧血」との診断。そのせいで疲れやすかったのです。

精密検査がされると、便潜血が陽性で、そこから進行大腸がんが見つかりました。貧血は徐々に進行する場合、相当貧血が進まないと息苦しさなどの症状を欠き、ちょっと疲れやすいなどのだるさしか自覚症状がないことも多いものです。

藤原さんもそうでした。リンパ節転移があるステージⅢ(再発率約30%)だったので、術後に抗がん剤治療も必要となりました。

【解説】

だるさは、心配ない疲労であることも多いです。

しかし、日常生活に影響を及ぼすだるさが長時間続いているようなら、やはり医師と相談するのがよいでしょう。

勧められる科としては、総合診療や内科などが挙げられます。

- がん
- 糖尿病
- 甲状腺機能低下症
- その他の慢性病（心臓や肺の病気など）
- 結核などの感染症（もちろん他の症状も合併します）
- うつ病

だるさの原因となりうる疾患は多岐にわたっており診断が大切です。

病院にかかるのを厭《いと》われる方も少なくないですが、対処が遅れるとより深刻化し、快復に時間がかかったり、お金や心身の負担が増えたりすることは、しばしばあるものです。

病院嫌いの方も一念発起して、かかってみるといいと思います。

不眠

50代男性の山口さんは不眠に悩まされています。

朝早く光を浴びるのがよいと聞いていたので、子どもが大学卒業とともに出ていった東向きの部屋に自分の寝室を移しました。それなのに、午前4時には目が覚めてしまいます。気持ちも晴れないまま、余計にあれこれ考えてしまうのです。

退職が迫っていますが、以前のようには働けない自分に忸怩《じくじ》たる思いがあります。うつうつとしたまま出勤時間を迎え、疲れて帰ってくると20時には眠くなってしまいます。そして途中で何度か起きて、また午前4時には目が覚めるのです。

【解説】

歳を重ねるにしたがって、なかなか眠れなくなる……というのは、わりとよくあることです。80代だと3人に1人が不眠を自覚するとされます。

ただ加齢によって眠れない理由は複数あり、例えば次のような原因が挙げられています。

・睡眠に関係するホルモンであるメラトニンの分泌が低下して影響を受ける

・体内時計の調節機能の低下
・ストレスへの反応が大きい
・持病が増えて眠れない（例えば腰痛、逆流性食道炎などで横になりづらいなど）（※5）

不眠が「まずい」のは、他の病気をもたらすことです。肥満や他の心身の病気を発症・悪化させうるのです。自然に起きる2～3時間前より「前」に光を浴びると、睡眠覚醒のリズムが後退します（『極論で語る睡眠医学』丸善出版刊）。寝る前にスマホなどを見ていると遅寝遅起きになる理由がそれです。

逆に、自然に起きる2～3時間前より「後」にまとまって光を浴びると、睡眠覚醒のリズムが前進します。

高齢になると早朝に覚醒して朝日を浴びたり、テレビを見たりしている方が少なくありません。このことで余計に早く覚醒することにつながるのですね。

睡眠の状況は個々人ごとに異なるでしょう。

遅寝遅起きで日中に支障が出る方は、就眠後から朝までに光を浴びるのを抑えることが重要です。逆に早寝早起きすぎる方は、覚醒時まで日光を浴びないように部屋を暗くするのが有効でしょう。

今の考え方では、できるだけしっかり栄養を摂取し、運動を行って、筋肉量を減らさないことが重要になります。筋肉量が減ると、運動も不十分になりがちで睡眠も不良になる……という悪循環を招きかねません。

また逆に、身体《からだ》を動かすことで心配事などが軽減して、眠りやすくなるという側面もあります。


薬剤を使う前に心がけることやできることは、たくさんあります。

睡眠が専門の医師もいますので相談することもよいと思います。

なお、早朝覚醒の原因に、抑うつなどが潜んでいる場合もありますので、気持ちの変化が目立つようならば、あるいはご家族が見ていてそうならば、精神科などを受診してみる方法があるでしょう。

頭痛

北川さんは、歳を重ねるにしたがって頭痛を自覚することが増えていました。周りでは、脳卒中やくも膜下出血を起こして後遺症を残したり、中には亡くなったりした人もいます。自分もそのような病気ではないかと不安になるのでした。

夕方になると、次第に後頭部が痛くなります。鈍痛なのですが、かなりはっきりと痛む日もあります。思い余って、病院にかかると、「それは脳卒中やくも膜下出血の予兆ではないと思いますよ」との医師の返答。頭部ＭＲＩ検査の結果、特に目立った脳の変化はありませんでした。

相変わらず北川さんは夕方になると多少頭痛がありますが、安心したので以前よりは軽く感じています。

【解説】

一般的な頭痛は心配のないものも多いです。

筋肉が緊張して起こり、後頭部中心の鈍痛である緊張型頭痛や、頭の片方がズキズキと脈打つように痛む片頭痛などがほとんどです。片頭痛は頭痛の開始前にギザギザの光や模様などが見えるなどの前兆があるものと、そうでないものがあります。

注意すべきなのは、突然の激しい頭痛です。トンカチで叩《たた》かれたような感じや、雷が落ちたような……などと形容されることがあります。そのような強い頭痛が突発した場合は、すぐに病院の救急外来（あるいは病院の脳神経外科や神経内科）を受診すべきでしょう。それはくも膜下出血の頭痛である可能性もあるためです。

くも膜下出血は、脳動脈瘤《のうどうみゃくりゅう》といって、血管がコブ（瘤）様に膨らんでしまった部分が破裂することによって起こります。

頭部MRA検査といって、MRIの機械で脳の血管を描出させる方法などで診断することができます。人間ドックのオプションに入っていることもあるので、受けた経験がある方もいるでしょう。

問題は、そのような未破裂の脳動脈瘤を発見した際に、それが一生涯に破裂するのか、破裂しないのか、それを100％予測するのができないことです。

だったら、先に手術して取り除けば、その不安もなくなる……と思いきや、未破裂の脳動脈瘤の手術に関しては、約5％程度まで合併症や後遺症を発生する可能性があるとされているのです。そのため、治療を提供している病院でよく相談して、治療如何《いかん》を決定することになるでしょう。

更年期障害

人生の端境期を迎えるにあたって、誰もが乗り越える壁、それは「更年期」です。

少し前は更年期＝女性でしたが、最近では男性にも更年期があることが知られています。

女性の場合は、月経が来ないのが12か月以上続くと、１年前を振り返って閉経とします。閉経の時期は個人差が大きく、平均閉経年齢は約50歳ですが、早いと40代前半、遅いと50代後半に迎えます。更年期は閉経前後の10年をそう呼びます。日常生活に支障をきたす重い症状を「更年期障害」と呼びます。


男性の場合は、女性の閉経のように、はっきりと時期が特定できる因子はありませんが、発症するのは40代後半頃から。更年期障害が最も多いのは50～60代とされていますが、70～80代で症状を訴える方もいます。

女性の閉経に相応する指標がないことが相まって、症状が現れているのに自覚されていない場合も少なくないようです。男性の場合は「ＬＯＨ症候群」と呼ばれます。

女性の場合も男性の場合も、更年期障害にはホルモンが関連していることは間違いありません。

女性の場合は、女性ホルモン（エストロゲン）、男性の場合は男性ホルモン（テストステロン）です。ただ、ホルモンだけが更年期障害の原因ではありません。加齢などの身体的要素、性格などの精神・心理的要素、職場や家庭の人間関係などの社会的要素が絡み合っていることが知られています。

なお、患者さんのつらさを身体・精神・社会・存在の側面から把握してケアをするのが緩和ケアであり、緩和ケア的な視点が生かされるのも更年期障害のような全人的な問題でしょう。

なお男性においても、50〜60代に患者さんの数が多いのは、単に加齢性のテストステロン減少だけでなく、退職前後の時期で、また子どもにお金がかかる時期が続いているケースもあり、職場や家庭でのストレスも影響していることが指摘されています。

◎更年期障害の症状とは？

どのような症状があるのでしょうか？

左ページの図は女性の更年期障害の症状を示したものです。症状の系統は大きく分けると3種類あります。

日本女性の更年期症状発現の割合

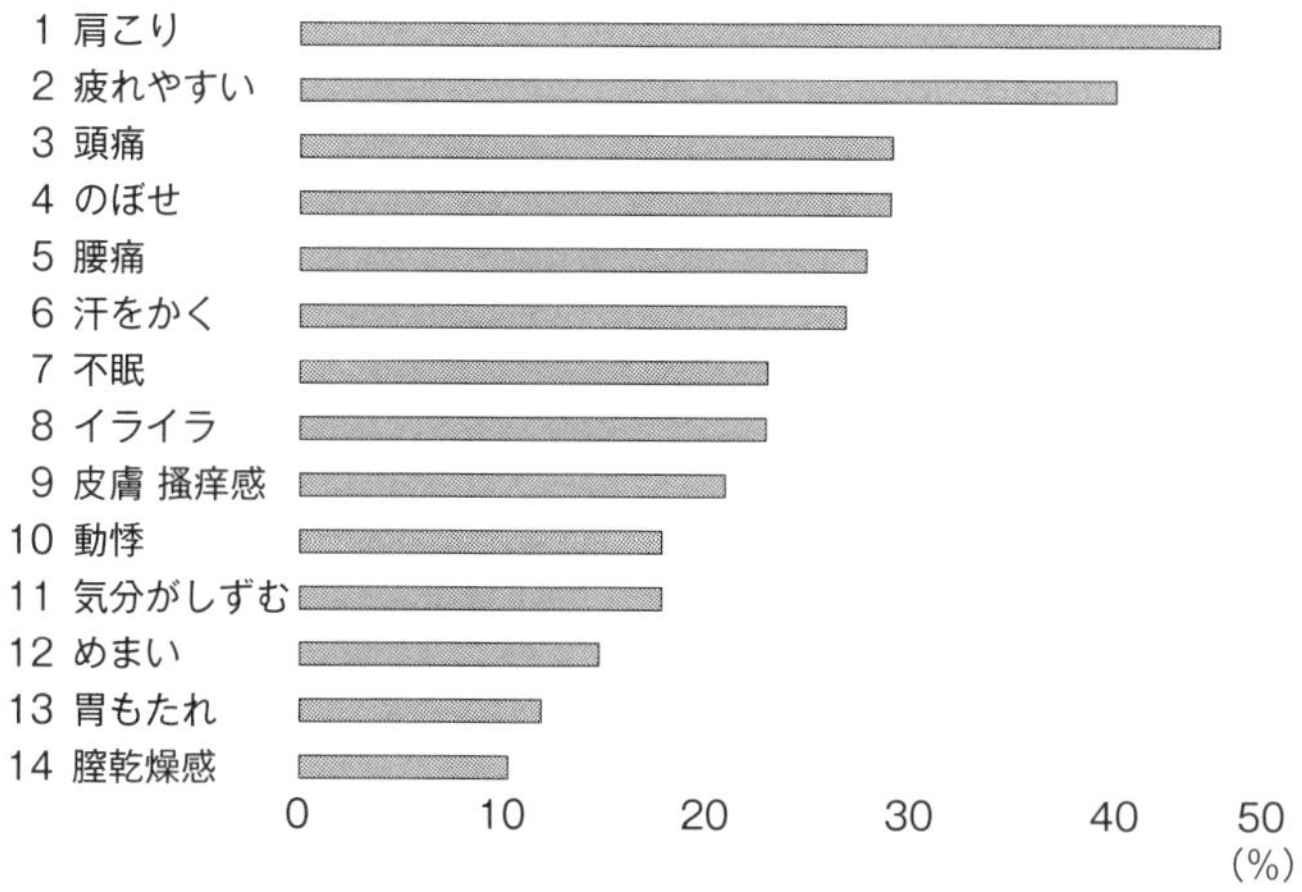

廣井正彦ら、日本産婦人科雑誌 49：433-439,1997

①血管の拡張などの症状
のぼせ、汗をかく、ほてるなど
②①以外の身体症状
肩こり、疲れやすい、頭痛、腰痛、不眠、皮膚掻痒感《そうようかん》、動悸、めまい、胃もたれ、胸が締め付けられるなど
③精神症状
イライラ、情緒不安定、気分がしずむ、意欲の低下など

男性の更年期の症状も女性と似通っており、上述の3つの系統があり、性機能の低下も含まれます。

実に多様な症状がありますが、何らかの病気でも起こりうる症状なので、それらの病気が潜んでいないかどうかの十分なチェックが必要になります。内科的なチェックが重要だと言えるでしょう。

◎更年期障害の治療は？

先述したように、つらさには身体、心、社会的因子などが複合的に関与しています。

それぞれに対して十分な生活指導やカウンセリングを行うことが肝要です。

薬物療法は３つあり、①ホルモン補充療法（ＨＲＴ）、②漢方、③抗うつ薬などが挙げられます。

①は女性の場合、少量のエストロゲンを補充する治療が、男性の場合はテストステロンを補充する治療が行われます。エストロゲン補充療法には内服薬や貼り薬があり保険適用が可能ですが、テストステロンの補充療法には注射薬しかなく、２～３週間に１回の注射が必要となります。女性も男性も、乳がんや前立腺がんなどのホルモンが病態に関係している疾患を持っている場合には、この治療を受けることはできません。

②に関しては、女性の場合は桂枝茯苓丸《けいしぶくりょうがん》、当帰芍薬散《とうきしゃくやくさん》、加味逍遙散《かみしょうようさん》などが、男性の場合は補中益気湯《ほちゅうえっきとう》などが体質に合わせて処方されます。

③に関しては、抗うつ薬の他、抗不安薬や睡眠薬などが使用されます。

繰り返しですが、大切なのは、何か月も続く不調は更年期と決めつけないことです。婦人科医や泌尿器科医、あるいは更年期外来にかかるという手段もありますが、総合診療科や総合内科などで、まず内科的な十分なチェックを受けるのがいいと考えます。

驚かすわけではありませんが、がんなどの慢性病が増えてくるのも更年期。

まずは、それらの病気を除外することが大切なのです。

それが済んでから、女性の更年期は婦人科医、男性の更年期は泌尿器科医によって補充療法などの治療を受けるとよいでしょう。

ただし、後述するような生活（食事や運動）の改善も大切です。

見過ごしがちだけど気をつけておきたい身体の変化

いかがでしたか？　目がかすむ、手の震え、倦怠感《けんたいかん》、不眠、頭痛、更年期障害と、代表的な症状を取り上げてみました。

もちろん痛みや微熱が続けば注意すべきなのは誰でもわかると思います。

速やかに病院やクリニックを受診しましょう。血便や血尿なども、もちろんすぐに受診することになるでしょうが、何らかの病気を示唆するので注意が必要な症状です。

ただし、診てもらう科が合っていないこともあるので要注意です。

また、ひとつかかって納得がいかないようならば、複数かかることも勧められます。

複数を回っても同じような見解の場合は、ある程度そうなのだと受け止めることも大切かもしれません。

特に気をつけるべき症状があります。

やはり食べていても体重が減少する場合には注意が必要です。

カロリー制限や糖質制限など、明らかに体重が減る何かをしている場合は別ですが、体重減少のためのアプローチをしていないにもかかわらず、体重が減るような場合（短期間で体重の５％以上が減少）は注意が必要です。

がんなどの慢性病が潜んでいる可能性があるので、内科や総合診療科を受診することが勧められるでしょう。

身体の症状は総じて心配のないものも多い一方、生涯でがんになる確率は、男性62％、女性47％と、むしろがんになるのは当たり前ですし、一生のうちには他の慢性病になる可能性もあります。

医者嫌いにならずに、症状がある場合は特に、早めに医師にかかるようにしましょう。

がんが増える50代以降、早期発見のコツ

次ページの図をご覧ください。

若い方のがんはインパクトがあって話題になりますが、数としては、当然50代以降のほうが多いものです。

女性は子宮頸《けい》がんなどの比較的若年でなるがんがあるため、この図でも男性より立ち上がりは早いのですが、50代以降は男性の伸びが目立ちます。

早期がんを自力で見つけるのは必ずしも容易ではありません。

主要ながんのうちでは、乳がんはセルフチェックが有効だとされています。

閉経前ならば、乳房がやわらかくなる月経終了後7日から10日の間、閉経後ならば任意の日に月1回で、自身で乳房を定期的に触診しながら、セルフチェックを行い、しこりを触知した際に受診するのが勧められます。

子宮頸がんは不正出血が、大腸がんは下血や鉛筆のように細い便が、肺がんは咳《せき》や痰《たん》などが症状として現れることもありますが、早期では症状を欠くことはめずらしくありません。

がん罹患率～年齢による変化

◆全がん

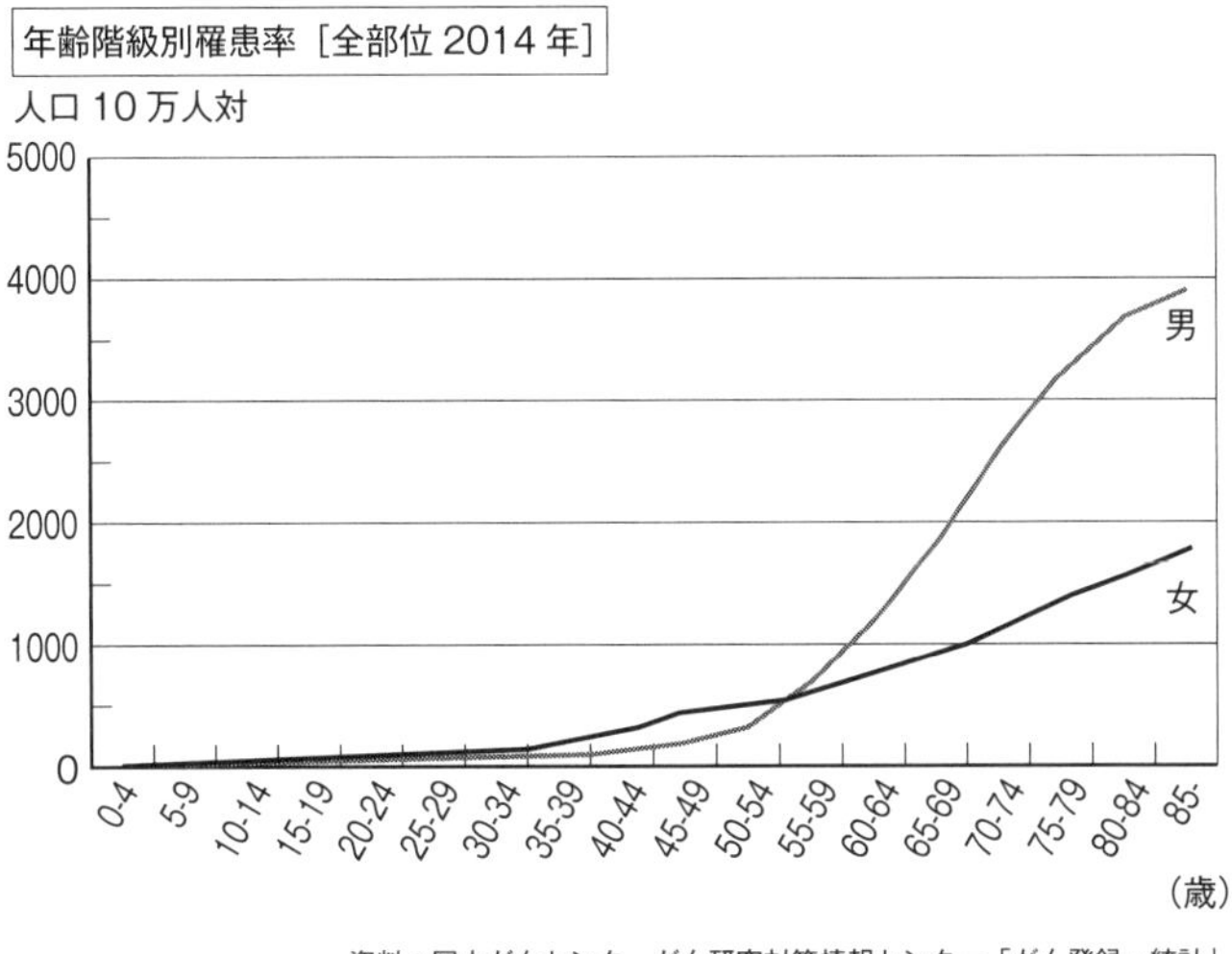

資料：国立がんセンターがん研究対策情報センター「がん登録・統計」
Source：Cancer Informarion service, National cancer Center, Japan

またこれらの症状も別の病気から起こることもありますし、だるさや発熱、体重減少があったとしても、それらも別の疾患由来かもしれません。

一部のがんを早期に発見するためには「検診」が必要となります。

なお、「健診＝健康診断」では通常がんはわかりませんので、「検診」が必要となります。

検診では何が勧められるか？

子宮頸がんなどの比較的若年でなるがんを除き、基本的には50代以降は検診を怠らないようにしたいものです。

残念なことですが、現状すべての腫瘍を早期発見できるわけではありません。

一般に時間をかけて大きくなる腫瘍は早期発見に向いています（例えば大腸がんや子宮頸がんなど）が、そうではない腫瘍もあるためです。

がん検診ガイドライン「科学的根拠に基づくがん検診推進のページ」（※6）によると、以下の通りです。

・胃　50歳以上　胃内視鏡検査　推奨B〈利益〈死亡率減少効果〉が不利益を上回るがその差は推奨Aに比し小さい〉
・大腸　40歳以上　便潜血検査　推奨A〈利益〈死亡率減少効果〉が不利益を確実に上回る〉
・肺　40歳以上　非高危険群に対する胸部X線検査、及び高危険群に対する胸部X線検査と喀痰《かくたん》細胞診併用法　推奨B
・子宮頸部　20歳以上　細胞診　推奨B
・乳房　40〜74歳　マンモグラフィ　推奨B

がん死を減らしても総死亡率まで減らせる検診は多くないのですが、肺がんの高リスク者を低線量CTで検診した群と、胸部X線検査で検診した群を比較すると、前者では総死亡率も減ったという米国の結果が出ていました（※7）が、低線量CTで肺がん死亡リスクは51％減少、総死亡リスクも43％減少という結果が日本の研究でも出ました（※8）。生命に関係しない腫瘍まで検出している可能性は否定できませんが、興味深い結果です。

検診に関しては拙著『1分でも長生きする健康術』（光文社刊）で詳述していますので、より科学的な情報を知りたい方は、そちらをご覧いただければと思います。

日本だけが検診を行っているという嘘《うそ》情報を流す人がいますが、それは事実ではなく、海外のエビデンスを元にしたオンライン医学教科書のような存在である「UpToDate」(※9)には次のような方法が推奨されています（２０１８年閲覧情報参照）。

【65歳未満】（一部抜粋）

●乳がん
41歳以上で、スクリーニングの実施を相談して個別に判断。
スクリーニングを希望するならば、マンモグラフィを2年ごと。

●子宮頸がん
21歳から29歳で、擦過細胞診を3年ごと。
30歳以上は、擦過細胞診を3年ごとかＨＰＶチェックを5年ごと。

●大腸がん
リスク要因がない50歳以上で、スクリーニング（全大腸内視鏡検査、Ｓ状結腸鏡検査、便潜血検査）の中で決定。
ただし、リスク要因がある患者は、各推奨ごとに行う。

●肺がん

55歳から74歳で、1日X箱のタバコをY年吸い続けたときにXY≧30の場合で、かつ現在進行形で喫煙している、あるいは15年以内に止《や》めているときに、低線量CTを考慮。

●HPVワクチン

女性は26歳まで、男性は21歳までに接種。

なお、65歳以上になると、予測される余命の長さや、スクリーニングの害を十分勘案して、個別の希望に委ねられるとし、左記の推奨となっています。

【65歳以上】（一部抜粋）

●乳がん

生命予後が10年は最低限あると判断されるならば、2年ごとのマンモグラフィ。

●子宮頸がん

10年間に3回連続擦過細胞診が正常ならば、65歳以上では中止してもよい。

良性疾患での子宮摘出手術後は中止してもよい。

●大腸がん

毎年の便潜血検査、あるいは全大腸内視鏡検査を10年ごと、あるいはS状結腸鏡を5年ごと。ただし、予測される余命が最低5年はある場合に。

●肺がん

高リスク群には毎年の低線量CTを80歳まで。

15年間喫煙していない人、もしくは生命予後が限られている人は中止する。

ただ、乳がんには、一部遺伝性のものがあることが知られています。乳がん全体の中でBRCAという遺伝子の変異が関連する遺伝性のものは3〜5%あるとされています。

・家系内に膵臓《すいぞう》がんや前立腺がんになった人がいる

・家系内に乳がんや卵巣がんになった人がいる

それらの場合、特に若年発症のがんになった人が家系内にいる場合、あるいは複数の家族ががんに罹患《りかん》した家族歴がある場合は、BRCA遺伝子の変異の可能性があります。

アメリカのあるガイドライン（全米総合がん情報ネットワーク）では、BRCA遺伝子変異がない場合とある場合では、乳がん検診の推奨が異なります（前者は40歳以上で年1回の検診、対して後者は25歳からの年1回の乳房造影MRI〈30歳からはマンモグラフィも併用〉が推奨されるなどだいぶ異なっています）。

臨床遺伝専門医や認定遺伝カウンセラーなどの専門家もいるので、インターネットで調べて、遺伝カウンセリング外来にかかってみることが考えられるでしょう。

ＢＲＣＡ遺伝子変異があると、一生涯に乳がんにかかる可能性は40～90％、卵巣がんにかかる可能性は10～60％と高値で、一般の９％（乳がん）、１％（卵巣がん）に比べると高率です。この変異のため予防的に手術を受けたのがアンジェリーナ・ジョリーです。

なお、このように９％、つまり11人に１人が生涯のうちに罹患する乳がんは文句なしに、女性が最も罹患するがん第１位です。

他に有効な検診は？

長寿化が進んでいることを考えると、無用な被曝《ひばく》を避けることは重要でしょう。ＣＴ検査やＰＥＴ検査は被曝する検査なので、やりすぎにも注意が必要です。

他に勧められるとすれば、被曝がなく肝臓・胆嚢《たんのう》・膵臓（一部）、腎臓などがチェックできる超音波検査が挙げられるでしょう。

人間ドックといえば、頭部ＭＲＡ検査といって、ＭＲＩの機械で脳の血管を描出させる検査方法があります。これによって、くも膜下出血の原因となる脳動脈瘤を診断することができます。

脳動脈瘤はコブのような血管の膨らみです。動脈瘤によっても破裂しやすさは変わりますが、総合すると年０・５～３％の破裂の危険性があるとされます（※10）。

脳動脈瘤を発見した場合には、治療として①開頭手術（脳動脈瘤クリッピング術）と②血管内手術（血管からカテーテルを進め、動脈瘤にコイルなどを詰める方法）が考慮されます。

しかし、未破裂の脳動脈瘤の治療に関しては、約５％程度合併症や後遺症を発生する可能性があるとされているのです。

一方で、もし発症すると次のように重い結果を招きます。

- 発症すると約40～50％の方が死亡

しかも病院に到着する前に全体の10～15％が死亡、さらにその後の数日以内に全体の10％が死亡という大変厳しい経過です（※11）。

・助かっても重大な後遺症が残る方が約30％
・社会復帰できる方は約30％

それなので、治療をするのも一定の確率で後遺症などが残る一方で、もし破裂した場合の結果も重大であり、難しい判断を強いられます。

一応は、このようなドックもあるということを知っておかれるとよいでしょう。

第2章

いつまでも病気にならない「食事」「運動」「睡眠」の知識

基本的な食事の内容を決めましょう

健康は土台だという話をしました。

その土台の中でも中核となるのが食事と運動です。

もともと食事は医食同源と呼ばれるように、大切なことは知られてきました。

最近数々行われている研究は、まさしくそれを裏づけるものです。

運動に関しても、少しずつ効果が証明されてきています。

また、睡眠状態が悪いと各種の病気になることが知られています。

つまり皆さんの生活や人生設計の土台、つまり「健康長生き」の土台となるのが、**食事、運動、睡眠**なのです。

それでは具体的に見ていきましょう。まずは食事についてです。

食事 Meal

日本では糖質制限食が有名ですが、アメリカで人気なのは、**ＤＡＳＨ食、地中海食、ＭＩＮＤ食**の３種で、それぞれ似通っています。

・ＤＡＳＨ食……Dietary Approaches to Stop Hypertensionの略です。「高血圧予防のための食事法」です。アメリカ政府の支援で、研究者たちがつくり上げたものです。
・地中海食……イタリア、スペイン、ギリシャなどの地中海沿岸諸国の伝統的な食事をベースとした食内容です。
・ＭＩＮＤ食……認知症の予防のために開発された食事法です。

いずれも野菜、果物、全粒穀物、魚、鶏肉《とりにく》などの摂取が特徴です。

そのうち、ＭＩＮＤ食は、食品を「健康な食品群」と「不健康な食品群」に分けているのでわかりやすいです。しかもＤＡＳＨ食や地中海食と大筋は変わらないので、これらの健康な食品群を中心に摂取するとよいでしょう。

【健康な食品】
①緑色の野菜
②その他の野菜
③ナッツ
④ベリー
⑤豆
⑥全粒穀物
⑦魚
⑧鶏肉
⑨オリーブオイル
⑩ワイン

【不健康な食品】
①赤肉
②バターやマーガリン
③チーズ

④パン菓子やお菓子
⑤揚げ物やファーストフード

左記の量の摂取が推奨されています。

●全粒穀物は1日3食摂取。
●緑色の野菜とそれ以外の野菜を1日1回摂取。
●1日1グラスのワイン。
●ナッツはほぼ毎日。
●豆は1日おきに摂取。
●週2回以上の鶏肉やベリー、週1回以上魚を摂取。
○バターはテーブルスプーン1さじ／日以下。
○チーズ、揚げ物、ファーストフードは、ひとつでも1回／週以下。

この中でも個人的な意見ですが、⑩ワインには注意が必要です。
日本人は「ALDH2」という、アルコール分解産物のアルデヒドを速やかに分解する酵素の活性が弱いか、あるいはない方が半数いるとされています。体質としては「顔が赤くなる」「身体《からだ》が赤くなる」「ドキドキする」などが該当します。そのような方は、アルコールを摂《と》らないほうがよい可能性があります。

最近、相次いで、少量のアルコールでも健康には必ずしもよいとは言い難いことが指摘されています。ひとつは83種類の前向き研究を統合して解析したものです（※12）。週にアルコールが100g以下で、死亡率が最も少なく、これまでの推奨量（1日平均純アルコールで約20g程度）を下回るものでした。

さらに、もうひとつの研究では、健康への害を最も抑えられる量として、なんと0g（95％の確率で0〜0・8杯／日〈純アルコールで0〜8g／日〉）という結果が出ました（※13）。飲める人には、少量の酒は身体によいとされてきたのですが、飲める人にとっても、かなり少量のほうが健康上のメリットがあると示唆されたのです。

したがって、ワインは飲めない体質の方はもちろん、飲める体質であっても控えめがよいでしょう。

またチーズに関しても一言付け加えておきます。

このMIND食では控えるべき対象となっていますが、チーズはカルシウムなどが豊富です。よい食品にも乳製品が含まれていません。

かつては、乳製品の飽和脂肪酸による心血管疾患への関連が心配された時期もありましたが、65歳以上での摂取でも死亡リスクを増やさないという研究結果が出ています（※14）。

実は旧来の日本食も、雑穀類や全粒穀物、野菜、果実、魚介類などが含まれ、健康によいですし、これまで述べてきたようなＭＩＮＤ食などと似通っています。

一方で弱点もあり、それは食塩摂取量が多いことです。現在も成人の食塩摂取量の平均値は、男性10・8g、女性9・2g（平成28年）とまだ多く、理想とされる6g／日以下ではありません。

1日6g以内の食塩制限を行うと、2〜8㎜Hgの収縮期血圧の低下が期待できるとされます（※15）。

また、新鮮な野菜や果物に含まれるカリウムは血圧を下げることが知られています。

これらのよい食品を取り、よくない食品群を避け、アルコールは控え、食塩も抑えることが全般的によい食事と言えそうです。

なお、先ほど男性の更年期の話をしましたが、男性ホルモンを増やす食べ物に関しても、たんぱく質（肉、魚、牛乳、豆類など）を積極的に摂取し、ネギ類、レバー、卵黄、玄米などが好適で、ニラレバ炒めはお勧めメニューとされています。

Q&A

健康食品やサプリメントは必要ですか？

不要です。健康食品やサプリメントはあくまで補助に過ぎません。

大切なのは前述したようなメジャーな食品ですし、たんぱく質、脂質、炭水化物のバランスです。

近年、サプリメントなどが有益どころか有害だったとする科学的研究も増えています。

少し前に有名になったのは、抗酸化作用などで身体に良いと思われていたβカロテンを、1日20〜30㎎補充すると肺がんのリスクが16％増えるなどの例でしょう（※16）。

特定のものを過剰に摂取することは、むしろ弊害を生むかもしれません。

サプリメントに頼るのは日本固有の現象ではなく、アメリカ人の37％がビタミンDサプリメントを摂取し、43％がカルシウムサプリメントを摂取していることが研究でわかっています。２０１９年になって発表された研究では、衝撃的な結果が出ていました（※17）。

カルシウムとビタミンDをサプリメントで補充した群で、脳卒中リスクが17％増えたという結果でした。他にビタミンB6やビタミンA、マルチビタミン、抗酸化物質、鉄、脂質制限なども死亡リスクや心血管疾患リスクに好影響はなかったとの指摘です（※18）。

サプリメントは①そもそも必要ない、②バランスを崩して悪い結果を招来する、ことがないとは言えません。あくまで3大栄養素のバランスが基本となるのです。

Q&A ネットや口づてで様々な情報が入ってきます。信頼できる情報の見分け方はありますか？

自信満々に言い切るような表現は少し疑ってかかったほうがよいと思います。あえて言えば、「言い切り型は嘘《うそ》」と言ってしまっても差し支えないでしょう。

「先生、どんどん痩せちゃって……」

ある40代男性のがん患者さんが言いました。よくよく奥さんに尋ねてみると……。

「先生、糖質はよくないいんですよね。あと肉。基本、植物を中心の食事にしています」

「どうしてそうなさっているんですか？」

「先生、ご存知ですか？　○○式食事法で、がんが治るって聞いたので」

それで本当にがんが治っているならば、論文にもなるでしょうし、開発者はノーベル賞にあたいします。

それでもいまだに、がんが食事だけで治った話を聞くことはほぼありませんし、それを謳《うた》っている人でも「本当にがんだったのか」「極めて稀《まれ》に自然回復するケースもないとは言えず、それに該当しないか」などなど、謎は尽きません。

いずれにせよ、多くの方がそれで治るのでしたら、とっくに医学の常識は書き換えられているでしょう。要するに**信憑性《しんぴょうせい》がない**ということなのです。

がん治療中の患者さんは治療の影響で痩せやすい状況にあります。

食事量があまりに減ってしまっていたので、彼には白米にしてカロリーをある程度確保するように、また、たんぱく質に関しても種類を選ばずにしっかり摂取するようにお伝えしました。その後、奥さんも翻意してくださって、食事の内容を変え、体重も増え、健康な生活を取り戻しました。

●動物実験
●試験管での実験

また、他にも情報の見分け方ですが、よくポータルサイトのトップページに出てくる、これらは、いくら魅力的な内容でも、まだまだこれから（人で本当に効くかもわからない）なので、残念ながら話半分に捉えるべきでしょう。がんに対しての強い糖質制限食も、動物では効果は出ていますが、人では同じようには結果が出ていません（※19）。

このようなことがあるので、研究結果がマウスなどの動物のものなのか人間のものなのかはチェックしたほうがいいでしょう。

●医師がこう言っている

●しかしそれを裏づける研究の説明がない

このようなものの信憑性は疑いが残ります。

他に根拠がはっきりしないというものも信頼度は高くありません。

●比較対照群がない研究（例：私のクリニックに来られた10人中８人のがんが治った）

これも同様です。意図的に嘘をつく専門家もいるのでご注意ください！

●くじ引き試験で２群以上に割り振った研究があっての結論

最も信頼できるのは、こうして結論に達したものですが、実際にはそれを行っているケースは少なく、つまり大々的に出ている情報は「仮説」「実験レベル」であることが多いのです。

Q&A

糖質制限、ヴィーガンなど極端な食事法は本当のところ医学的な効果があるのですか？

糖質制限は「痩せるため」「糖尿病の場合」はよい方法のひとつと考えられます（※20）。ひとくちに糖質制限といっても、制限の度合いには様々なものがあります。

1日の炭水化物の摂取量を20g以内に抑えるなどの強い糖質制限をすると、ブドウ糖が不足し、脂肪を燃焼させますが、その際につくられるのがケトン体です。この程度の強い制限だと、ビタミンやミネラルが不足し、カルシウムやビタミンD、鉄や葉酸などのサプリメントからの補充が推奨されます。

「ランセット」という有名雑誌に掲載された研究（※21）では、炭水化物の摂取量が最も多いグループは、最も少ないグループと比べて総死亡リスクが1・28倍だったとの結果で話題になりました。

ただし、その研究においても「低い糖質摂取（総エネルギーの50％未満）と健康のアウトカムには相関を欠き、超低糖質食は支持されていません。重要なこととして、非常に多いあるいは少ない糖質摂取よりも、中等度の（例えば総エネルギーの50～55％の）糖質摂取がより適正なようだ」と記されているのです（日本人の総エネルギーにおける炭水化物の割合は57・８％〈平成28年国民健康・栄養調査報告〉）。

以上のことからも、少し控える程度だと、健康によいとは言えましょう。

徹底した菜食主義のヴィーガン（卵、牛乳なども食べない）は、ビタミンＢ12など特定の栄養素が不足することもある食事法です。

もちろん考え方に関与する食事法なので、必要な栄養素を補充しながら行うことは止められませんが、健康という点で考えると、それほど強い制限をしなくても達成可能だと私は思います。

結論としては、一般的な日本人であれば、健康の観点で言うなら、普通にバランスよく摂取することで達成可能なものでしょう。

Q&A

脳卒中やがんに予防効果のある食べ物はありますか？

脳卒中の予防：野菜と果物は、脳血管疾患のリスク低減にも関係しています。これらはカリウムが含まれる食品です。

また高血圧は脳血管疾患のリスクを高めますので、塩分制限やカリウムの摂取が有効です。さらに、飽和脂肪酸の摂取が過剰に少ないと脳血管疾患のリスクと関連します（※22）。

がんの予防：ある程度のビタミンDの摂取が存在すると、がんになるのが減るとされています（※23）。

ビタミンDは以前からカルシウムの吸収を助けると言われていました。

また、細胞増殖を抑えたり、細胞死を促進したりする作用によって、がんを予防する効果があると知られています。がんになってからも効果を期待できる可能性があります。ビタミンDが体内で活性ビタミンDとなり、腫瘍細胞の増殖を抑えるというメカニズムがあると考えられているようです。

ビタミンDは、サーモンやさんま、いわしの他、すじこやいくら、ひらめ、まぐろのトロなどにもよく含まれます。

血中ビタミンＤ濃度とがん全体の罹患リスク

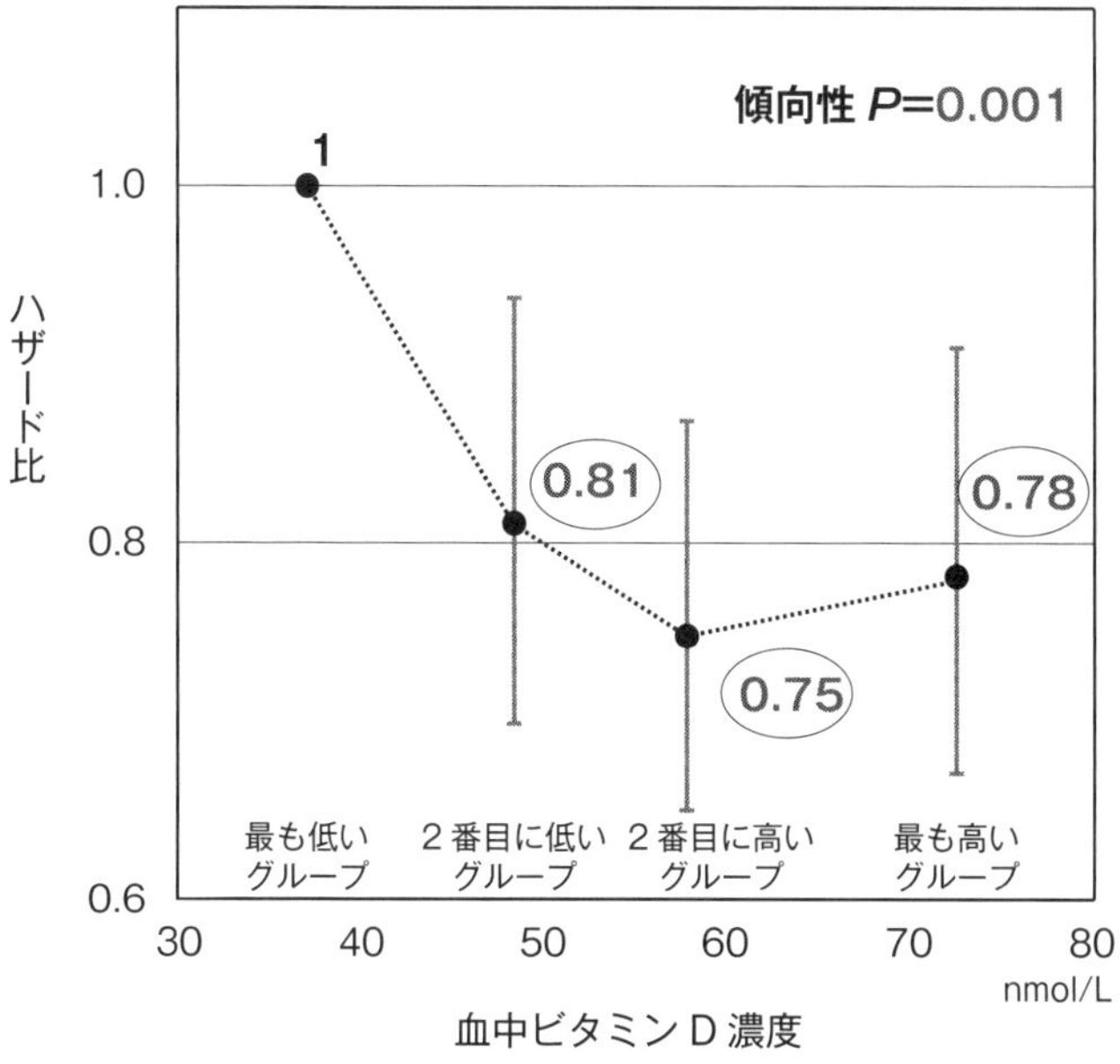

※1　◯のついた数字は統計学的有意
※2　各グループのハザード比は、そのグループを代表する血中ビタミンＤ濃度（採血した季節〈春夏秋冬〉を考慮し、男女別に求められた８つの中央値を平均した値）にプロット

出典：国立がん研究センター社会と健康研究センター
https://epi.ncc.go.jp/jphc/outcome/8099.html

がんに関しては「がんのリスク・予防要因　評価一覧」（科学的根拠に基づくがんリスク評価とがん予防ガイドライン提言に関する研究）によると左記のことがわかっています。

- 飲酒・喫煙　全部位のがんのリスクは確実に上昇
- 野菜　食道がんのリスクをほぼ確実に低減
  胃がんのリスクを下げる可能性あり
- 果物　食道がんのリスクをほぼ確実に低減
  胃がんと肺がんのリスクを下げる可能性あり
- 大豆　乳がんと前立腺がんのリスクを下げる可能性あり
- イソフラボン　乳がんと前立腺がんのリスクを下げる可能性あり
- 加工肉・赤身の肉　大腸がんのリスクを上げる可能性あり
- 魚　子宮頸《けい》がんのリスクを下げる可能性あり
- 穀類　胃がんのリスクを上げる可能性あり
- 食塩　胃がんのリスクをほぼ確実に上げる
- 緑茶　胃がんのリスクを下げる可能性あり（女性のみ）
- コーヒー　肝臓がんのリスクをほぼ確実に下げる

　　　　　子宮体がんのリスクを下げる可能性あり
・熱い飲食物　食道がんのリスクをほぼ確実に上げる
・食物繊維　大腸がんのリスクを下げる可能性あり
・カルシウム　大腸がんのリスクを下げる可能性あり
・不飽和脂肪酸　大腸がんのリスクを下げる可能性あり

Q&A 糖尿病に予防効果のある食べ物はありますか？

糖質制限は、メタボリックシンドロームなどに好影響を与えることは知られています（※24）。ただし、長期の効果に関しては有効性、安全性及び健康上の利点を裏づけるデータが豊富ではないことも指摘されていて、今後の研究の深まりが待たれるところです（※25）。

一方で、糖質制限を伴わずに、減量（ベースライン体重の5％以上）、食事療法（総脂肪のエネルギー比率が30％未満、飽和脂肪酸摂取量が総エネルギーの10％未満、食物繊維摂取量が15ｇ／１０００kcal 以上）、身体活動の増加（週4時間以上）というライフスタイルの改善で、糖尿病の発症を低下させるという研究結果もあります（※26）。

一品で予防効果のある食物は残念ながらありませんので、全体のバランスを考慮する必要があります。

また、総じて健康によい果物ですが、糖質量が多いものが増えているとの指摘もあり（※27）、糖質が多すぎるものは控えめにするなどの工夫が必要でしょう。

Q&A　心筋梗塞に予防効果のある食べ物はありますか？

脂質異常症は、心筋梗塞のリスクを上昇させます。

一般には〝悪玉コレステロール〟として知られているＬＤＬコレステロールの値と他のリスク因子の有無で、心血管疾患リスク（10年間死亡率）をオンラインで計算できます（※28）。脂質異常症においても、食事や運動が重要です。

食事に関しては、単なる炭水化物制限ではなく、ある程度の脂質制限も推奨されています（「動脈硬化性疾患予防ガイドライン２０１２年版」）。

難しいのは、「脂質はダメ」と一律には言えず、種類が大切になる点です。

- 飽和脂肪酸が多すぎるのはよくない。飽和脂肪酸は総摂取カロリーの７％以下に抑える
- ドコサヘキサエン酸（ＤＨＡ）やエイコサペンタエン酸（ＥＰＡ）などのω‐３脂肪酸を摂取する

ω‐３脂肪酸は魚や魚油に含まれます。脂肪が多い魚のサーモンやまぐろ、甲殻類のカニやカキといった海産物、くるみ、亜麻仁油などで摂取することができます。

一方で、日本の研究（ＪＰＨＣ）において、飽和脂肪酸摂取量が少ないと脳卒中のリスクが上昇し、多いと心筋梗塞のリスクが上昇すると言われています（※29）。

野菜と果物は冠血管疾患や脳血管疾患のリスク低減にも関係しているとされます。

先述した「健康な食品」を中心にチョイスしてゆくのがいいでしょう。

Q&A

認知症に予防効果のある食べ物はありますか？

ひとくちに「認知症」といっても様々なものがあります。

アルツハイマー型のものもあれば、脳の血管が詰まったり出血したりする脳卒中をきっ

かけに認知症が顕在化する脳血管性認知症もあります。

そのため、認知症になりにくい食事を考える際には、他の認知症をきたす疾患を避けるための食事も大切になります。つまり、糖尿病や脳血管疾患を予防することも大切になるわけですね。

ただ、ご安心ください。

結局、どの病気でもよい食事はそれほど違うわけではありません。

どのような食材がよかったでしょうか?

ＭＩＮＤ食の内容ですね。

野菜、果物、ナッツ、豆、全粒穀物、魚、鶏肉などがよい食品。

赤肉、バターやマーガリン、パン菓子やお菓子、揚げ物やファーストフードなどは、あまり健康ではない食品です。

糖質と塩分を控えるのがポイントになるでしょう。

運動 Exercise

定年後も病気にならない運動

Q&A 運動不足はどのような病気を引き起こしますか？

年齢を重ねると、持病などが出たりして、身体を動かすのも次第に楽ではなくなります。けれども、最近の知見が示すのは、身体を動かさないと「めちゃくちゃまずい」ということです。

運動不足はどのような病気を引き起こすのか？

実はあらゆる病気と言っても差し支えありません。

運動不足は、高血圧、脂質異常、糖尿病、肥満などの生活習慣病になりやすくさせ、その結果として心筋梗塞などの冠血管疾患や脳梗塞などの脳血管疾患を発症させやすくします。結果、死亡リスクを高くしてしまうのです。

しかも、死亡しなくても、脳血管疾患などで重い後遺症を残す状態に陥ってしまう可能性があることも無視できません。


「でも、先生……」

70代男性の田中さんは浮かない顔で言います。

田中さんは肺がんの切除後です。まだ、パートのデスクワークの仕事を行っています。

「なかなか身体が思うように動かないんだよね。億劫《おっくう》でさ」

「そうなんですね……」

「今日こそは今日こそは、と思っているの。でもなかなかできないのよね。20分まとまった時間歩けって言うじゃない。その時間が取れないのよ」

確かに、フルタイムで仕事をしている方を中心に、それだけの時間がなかなか確保できず、今日こそはと思っているうちに日が経《た》ってしまうという話をしばしば聞きます。

「大丈夫みたいですよ、少しでも」

「え？　何が？」

「運動です。20分ではなくても、5分でも10分でも毎日続けることが大切と言われています」

「だって運動は20分ってよく言われてきたけれど……」

「皮下脂肪や内臓脂肪などの分解が、有酸素運動開始後20分程度で早まるという情報ですね。それはあまり関係ないようです」

「えっ、そうなんですか？　20分以上継続して運動しないと脂肪は燃焼しないって聞いたから」

「細切れでも運動することに意味があると言われています。今日から始めてみましょう」

「今日から!?　今日は、ちょっと読みたい本があるから、明日からかな……」


いつの間にか「20分連続でないと意味がない」という誤解が広がってしまいましたが、そうではないことが明らかになっています。

少しでも動く習慣があれば健康に役立ちますし、座ってばかりいる習慣は、認知機能にも影響を与えることがわかってきています（※30）。

しかも、運動を行うと身体によいことは誰でもわかりますが、精神や認知能力に関してもよいとわかってきているのです。例えば、うつや不安も改善するとの研究があります（※31）。より若年の成人においても認知能力を改善するとされています。要するに、少しでも身体活動を上げたほうが全般的によいのです。

最近はがんの抗がん剤治療中でも運動をしたほうが良いという結果が示されています（※32）。

難儀ですが、人は生きている限り動いたほうがよい生き物だと言えるでしょう。

Q&A

自分に必要な運動量はどれくらいですか？ 個人差はありますか？

「先生、運動って目安はあるの？」

としばしば尋ねられます。そう、目安があるのですね。時間だけではありません。必要な運動量はメッツとエクササイズで示されます。

メッツとは、「metabolic equivalents」の略で、身体活動の〝強さ〟を表しています。

このメッツに時間をかけたものが、身体活動の〝量〟になります。

メッツ×時間＝エクササイズ

健康診断の結果が基準範囲内の人の場合、18〜64歳の成人では「3メッツ以上の身体活動を週に23エクササイズ以上、そのうち運動は4エクササイズ以上」を行うことが推奨されています（厚生労働省）。

歩行は3メッツなので、1時間歩くと3エクササイズになります。毎日1時間歩くと、1週間で21エクササイズになり、週23エクササイズの基準（他の身体活動もあるため）を満たすことになるでしょう。

基本歩くのがいいでしょう。歩くのが足りない部分は、他の身体活動で補うのが良いでしょう。とにかく身体を意識的に動かすことが大切です。

65歳以上になると、「強度を問わず身体活動を毎日40分」で週10エクササイズ以上が推奨されていますが、できるならばもっと身体を動かしたほうが良いでしょう。

高血圧、脂質異常症、糖尿病などの生活習慣病がある場合も、運動が推奨されていますが、3〜6メッツ程度の軽い運動を、週10エクササイズ程度からの開始が推奨されています。1時間歩くならば週3回＋αですね。6メッツを上回る運動は、医師との相談が推奨され、主観的な「きつさ」の感覚では「ややきつい」までの身体活動が推奨されるなど、生活習慣病がない人よりはゆるい基準となります。

Q&A

有酸素運動、筋力トレーニングなど、何をどれくらいすればいいですか？　何から始めればいいですか？

とにかく「歩く」に尽きます。

有酸素運動は歩けばＯＫです。

３メッツ以上の身体活動を週に23エクササイズ以上。

ただし、有酸素運動だけでは不十分です。

最近は、筋力トレーニングの重要性が知られています。

サルコペニアとフレイルが老年期において大きな問題となっていることが知られてきたためです。

サルコペニアとは、加齢に伴って生じる骨格筋の筋量と筋力の低下を示します。

サルコペニアによって、身体機能が低下します。

老年者は、非常に際どいバランスを保って生命を維持していることがあります。

大腿骨頸部《だいたいこつ》骨折を起こした高齢者が、あれよあれよと寝たきりになったり、死に至ったりしてしまうのも、かろうじて保たれていたバランスが崩れたがゆえに全身の様々な場所に問題が生じてしまう……。このようなことはめずらしくありません。

身体的な問題が中心のサルコペニアに対して、フレイルは、加齢に伴い身体の予備能力が低下して健康障害を起こしやすくなった状態です。フレイルは、筋肉や身体機能の低下の他、疲労感や活力の低下など、広い要素が含まれています。

そして当然のことながら、サルコペニアもフレイルの一因となります。

したがって、人生の後半戦においては「一兵も損なわない」戦略として、「筋肉量を減らさないこと」が非常に重要になります。

そのため、楽ちんな？　歩くだけではダメなのです。

積極的に筋力トレーニングを行う必要があります。

ただ、持病などから特定の部位に負荷をかけたりするのがよくない場合もあるので、そのような方はトレーナーによく相談する必要があるでしょう。

高齢の方でも、筋力トレーニングが大切なのです。

筋力トレーニングは週2回以上（ただし連日ではなく）、8回施行可能な強度から開始して増やすことが勧められています。

柔軟性のための運動も推奨されていて、そちらも週2回、最低10分とされています。

睡眠 Sleep

定年後も病気にならない睡眠

Q&A

睡眠不足はどのような病気を引き起こしますか？血圧上昇、うつなどとの関係はありますか？

睡眠不足は、はっきり言って、かなり危険です。睡眠不足は病気の元になりますが、そもそも日本人、特に子どもや就労者の睡眠時間は世界で最短ともされています（総務省統計局労働力人口統計室「統計」２００６）。健康にも多大な悪影響を及ぼす可能性があるのです。具体的には糖尿病や心血管疾患との関連が考えられています。

また食欲も増大したり、ホルモンを介して肥満に影響したりすることも知られていますが、それも他の生活習慣病をもたらしやすくします。精神にも悪影響を及ぼします。

睡眠不足は、日中の眠気や意欲低下・記憶力減退など精神機能の低下を引き起こします。倦怠感《けんたいかん》、イライラ感、気分障害、注意力の低下などにもつながり、前頭葉の機能にも影響することが指摘されています。

他にも免疫機能の低下、性機能低下、外傷や転倒のリスクを増やすなど、種々の問題を起こしうるもの。睡眠障害は万病の元で、それ自体が生活習慣病のひとつとさえ言われます。

不規則な食事や運動不足、ニコチン・アルコールの過剰摂取によって睡眠状態は悪化するため、生活習慣と関連するのが睡眠障害であるためです。

Q&A

年齢別に推奨される睡眠時間はありますか？

次ページの図中の「推奨」「推奨できるかもしれない」から外れる時間は「推奨できない」となっています。「推奨できない」に入ると、例えば10代の場合に、絶望感や自殺念慮、自殺企図などが増えることが指摘されています。

成人者でも先述のように心身に様々な悪影響を及ぼします。

年齢別に推奨される睡眠時間

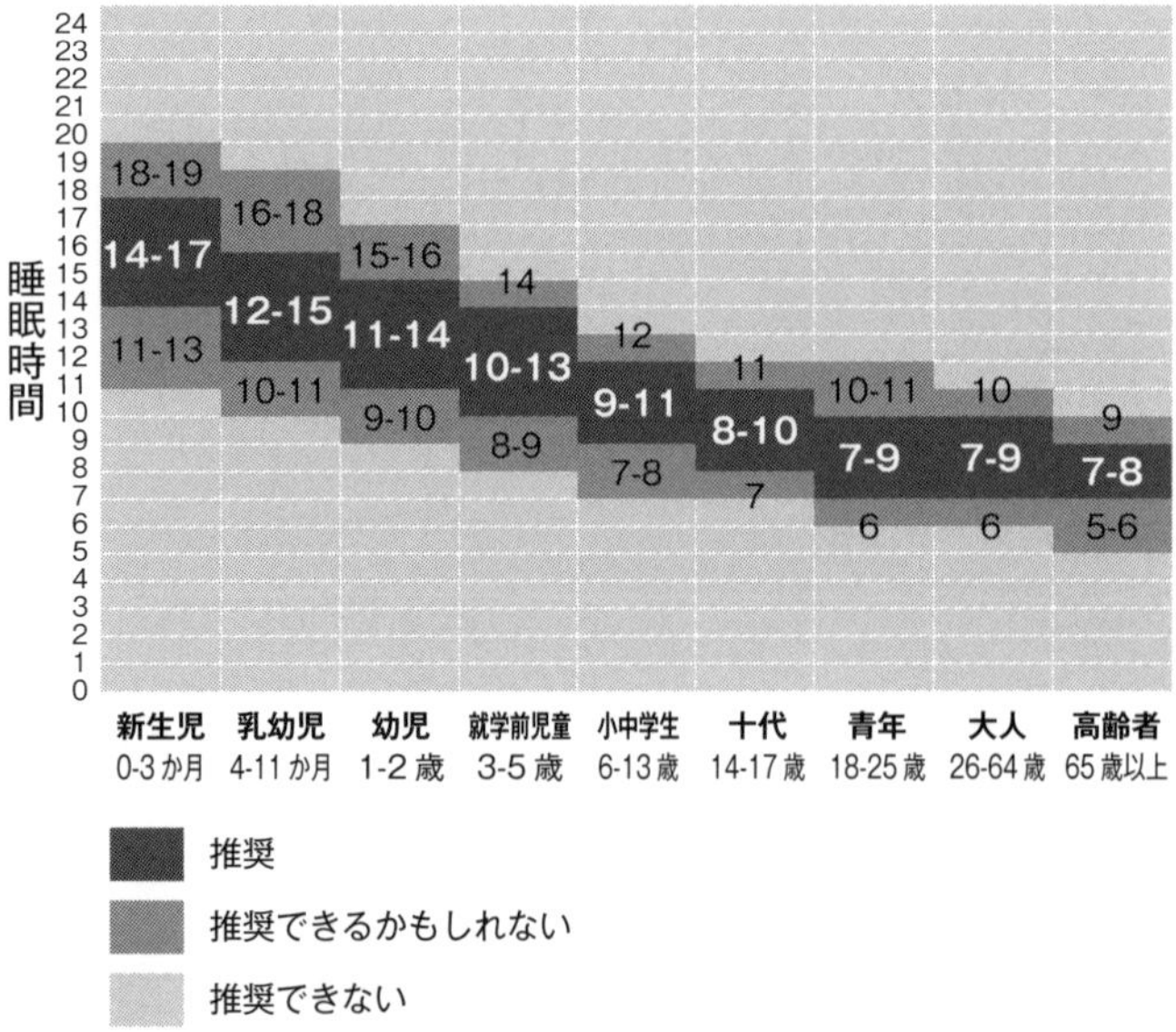

※アメリカのNational Sleep Foundationによる年齢別の睡眠時間推奨。

推奨される睡眠時間から外れている人も少なくないはずです。
まずは1時間でも増やすことに取り組んでみましょう。

Q&A 不眠の対処法、よい睡眠をとるためにできること、止めたほうがいいことはありますか？

就眠前の入浴やスマホや、ＰＣの閲覧（明るい光）などを避けることも重要になるでしょう。自然な起床時間の２～３時間前に、体内の中心部分の温度**「深部体温」**が最も低下します（最低深部体温）。眠る前に、2時間程度の光を浴びると、遅寝遅起きになります（『極論で語る睡眠医学』）。

スマホを見ていると、朝方起きられなくなるというのは、そのような身体の仕組みによるのです。

逆に、最低深部体温（２～３時間前）より後に、つまり起きる2時間前以降から光を浴びると、早寝早起きになります。例えば、カーテンを閉めないで朝日がよく入ってくるような部屋で眠っていると、早寝早起きの傾向が強まります。

よく高齢の方が、しばしば期せずして早朝覚醒の原因となる生活習慣を形成してしまっているので注意が必要です。

早朝覚醒に悩んでいる場合は、むしろ起床前後に朝日などの光を強く浴びたり、テレビをつけたりしないほうがよいということになります。


寝酒にも注意が必要です。

確かにアルコールは少量だと心身がリラックスします。一方で、アルコールが分解される過程で様々な代謝産物が生じ、それが原因で眠りが浅くなったり、睡眠後半に目覚めやすくなったりする原因だと指摘されています。

寝酒の量が多ければ、代謝産物はより多くなり、睡眠の質にも影響します。


寝る前に熱い風呂に入ることも、交感神経を刺激し、寝づらくしてしまうことが指摘されています。また寝る前3時間以内の食事は、胃腸の働きを活性化させ、睡眠の質を下げることも知られています。

日中はよく身体を動かし、寝る前の3時間程度は食事や熱い風呂の入浴を避け、寝酒も避け、スマホやテレビの閲覧もできるだけ止《や》め、読書や音楽を聴くなどリラックスして過ごせるようにすると、睡眠の質は高まるでしょう。

ただし、質だけではカバーできないので、前述したような睡眠時間を確保することも大切です。

Q&A

眠れなかったり、いつも夜中に目が覚めたりする場合、睡眠導入剤を頼っても大丈夫ですか？　副作用はありませんか？


この問いは程度の問題です。

日中のパフォーマンスが著しく下がっているのならば、短期間上手に睡眠薬を活用することも有効です。ただし、いくつかの注意点があります。

まず、心配事などで眠れなくなっている場合。

それは（言うは易《やす》しですが……）できるだけ本人の問題を解決できるとよいでしょう。

睡眠薬治療はどうしても対症療法であり、根本を治す治療ではありませんので、改善できる原因は改善したほうがよいと言えます。

次に、前述したような「眠りやすくなり睡眠の質を高める」生活習慣の真逆を行っているようなケースがあります。

熱い湯につかり、寝る直前まで甘いものを食べ、スマホでインターネットを見て、寝酒もする、ような……。

これだと、いくら睡眠薬を使ったとしても睡眠の質の改善は望みにくいものです（そもそも睡眠薬と寝酒は、薬の副作用を増強させるなど最悪の組み合わせで、薬が効かなくなる原因にもなります）。薬以外の試みも十分行うべきです。


その点を理解したうえで、依存性が少ない薬剤で開始するのがよいでしょう。ラメルテオンやスボレキサントという薬剤がそれに該当しますが、従来型の睡眠薬に慣れている人は「スカッ」とは眠れないこともしばしばあるようで、必ずしも好評ではありません。

しかし、睡眠薬には、依存性の問題や、使い続けると効きづらくなる耐性の問題、急に止めると眠れなくなる反跳性不眠の問題、ベンゾジアゼピン系睡眠薬だと筋弛緩《きんしかん》からの転倒リスクの問題、健忘の問題など、様々な問題を引き起こす可能性があることも知っておいてください。

先に生活習慣の改善を行ったり、可能ならば睡眠を専門とする「睡眠医学」の医師に相談したりすることがよいと考えられます。

一方、がんの場合などの慢性病のケースでは、様々な原因から、生活習慣の改善だけでは睡眠障害を治すことが難しく、睡眠薬が必要なケースもあります。有効に活用しないと、その他の健康問題を引き起こす場合もあり、ケースバイケースでの対応が大切です。

最後に、睡眠不足が続くと、ミスが増えるのにもかかわらず、眠気は次第に感じなくなることがわかっています。知らずに健康被害をもたらしますから、短い睡眠の連続を許容しない意思が必要です。

28時間の断眠は血中アルコール濃度0・05％（日本の運転の罰則は0・03％から）に匹敵するほど、注意力・判断力などが低下するとされています。

全般的に他国の人より日本人は、睡眠時間が短い傾向が指摘されているため要注意です。日々の生活の中で睡眠時間はともすれば犠牲になりがちです。

ただし、ご紹介してきたように長期にわたり睡眠不足を続けたり、睡眠障害を放置したたりすることは私たちの健康を大きく害します。睡眠問題は静かに、そして着実に心身の健康を蝕《むしば》みます。睡眠習慣の問題や睡眠障害を放置せず、ご自分の睡眠状態に疑問を感じたら、かかりつけ医もしくは睡眠専門医に相談をしてみましょう。

第3章

病気になっても慌てない！
医療との心地よいつき合い方

医療とのつき合い方で定年後の寿命が決まる

「標準医療に懐疑的な知人から民間医療や食事療法を勧められて、心が揺れています。標準医療の優れているところを教えてください」

何はともあれ効果がいちばん優れているのは標準医療内の標準治療です。

国立がん研究センターの公式サイト「がん情報サービス」内では、標準治療は次のように書かれています。

《標準治療とは、科学的根拠に基づいた観点で、現在利用できる最良の治療であることが示され、ある状態の一般的な患者さんに行われることが推奨される治療をいいます。

一方、推奨される治療という意味ではなく、一般的に広く行われている治療という意味で「標準治療」という言葉が使われることもあるので、どちらの意味で使われているか注意する必要があります。なお、医療において、「最先端の治療」が最も優れているとは限りません。最先端の治療は、開発中の試験的な治療として、その効果や副作用などを調べる臨床試験で評価され、それまでの標準治療より優れていることが証明され推奨されれば、

その治療が新たな「標準治療」となります。》（サイト内より引用）

日本では比較的安価に標準治療が受けられます。

高額療養費制度があるので、実負担の上限は決められていて、保険適用の医療に関しては支払いが青天井ではありません。

ある程度、資産の余裕があって生活水準が高めの方は、「よいものは高い」と捉えていることもあるでしょう。

標準治療は相対的に安価ですが、決して「並」の治療ではありません。

標準治療のすごいところは、それに至るまでに、科学的な検証を受けていて、効く可能性が厳密に評価されている点です。

逆に高額な治療として出回っているものの中には、それらが希薄なものも少なくありません。

前述したような、比較を欠く「この薬剤でよくなった」的なデータ開示は、ＢＳ番組のＣＭでやっているような健康食品のＰＲ水準となんら変わりがありません。

健康食品でさえ、「これでよくなった」とアピールする時代ですが、これでよくなったは科学的にはちっとも根拠がないのです。

2017年8月に発表された、代替医療のみで治療した患者は、標準治療群よりもずっと死亡リスクが高いというアメリカ発の研究結果があります（※33）。

乳がん、肺がん、大腸がん、前立腺がんでの、「非」転移例の調査で、代替医療のみ群は標準治療群と比較して死亡リスクが2・5倍、乳がんでは5・68倍という結果です。

どういう人が代替医療のみを選択しているかの分析は興味深く、「乳がんと肺がん」「経済的に裕福」「ステージⅡやⅢ」「合併症が少ない」とのこと。

もちろん、これはアメリカでの結果ですが、日本でも同じような背景の方が、標準治療を行わず代替医療を選択するという割合は相対的に高い可能性があります。私の印象も同様です。

もちろん標準治療を選ばず代替医療を選択するには、個々のケースごとに固有の事情があるとは思います。しかし、社会的なステータスが高い方は、様々な情報が入ってくるでしょうから、その中には代替医療∨標準治療と謳《うた》うものが含まれていることは容易に考えられます。

また経済的に裕福ならば、金銭的な治療の制約は減るでしょう。特に日本においては、保険が使える標準治療のほうが安いということが多々あり、裕福なほうが代替医療はしやすいでしょう。

あるいは、病期の進みがそれほどではなく、合併症も少なければ、まずは非侵襲的に「見える」治療に気持ちが傾くこともあるかもしれません。将来のＱＯＬ（生活の質）や生存のために今のＱＯＬを下げる治療を行う場合は、一見理解が難しくもあります。特に症状が乏しい場合は、そう言えます。

ただ、代替医療のみで治療を行う場合には、相当な死亡リスク上昇がありますから、今まさに選択に悩んでいる方やそのご家族、周囲の方の参考にしていただければと思います。

よくない策は、代替医療「のみ」という策です。

少なくとも、標準治療をしたうえで、それらを行う方法があるわけですから、標準治療という安価で受けられる治療を使わないのはもったいないと言えるでしょう。

なお私は医療業界での一般的な申告基準である、年50万円以上／社の報酬どころか、最近ではほとんどそこから報酬を得ていない状況であり、金銭的な利益のための標準治療推しではないことは明記しておきます。

身近なかかりつけ医を見つけよう

人は、つい「有名大学医学部卒」などと学歴が立派だと信用してしまいます。「学歴や職歴と、かかりつけ医の能力は比例しますか？」と私も聞かれることがありますが、答えは「しません」です。

最近では、学歴や職歴にこだわりを持たれる方も減っているようですが、有名大学の医学部卒業だと、信用できるというような捉え方も一部ではあったかもしれません。

ただ、それは一概には言えず、さらに言えば、「患者さんにとって良い医者かどうかには無関係」と言えるでしょう。

まず大切なこととして、医療には知識が必要です。

しかも、医学情報は年々新しく増え、書き換わっていきます。

そのため、医師は生涯勉強することが求められます。

もちろん物覚えが良いほうが有利なのはあるでしょう。けれども最近はインターネットで適切に検索すれば答えを得るのはたやすくなっていて、絶対に覚えておかねばならないというわけでもありません。

重要なことは、**知らないことはしっかりと調べる習慣があるか、**ということです。

有名大学卒業というのは、あくまで10代後半や20代前半の記憶力や学力が高かったということに過ぎません。

また、実際に患者さんを診療して、的確な診断にたどり着くためには、総合力が求められますので、何か特定の要素が突出して強いからといって、正しい判断に結びつくとも限りません。

他に患者さんから必要な情報を引き出したり、わかりやすく説明したり、一緒に良い方法を考えたりすることは、学力とはまた異なった力が必要になります。

そのため、かかりつけ医を決める際は、有名大学卒業という肩書きよりも、相性なども必ずありますから、実際にかかってみてよくコミュニケーションを図ったうえで決めていくとよいでしょう。

なお、しばしばあるのですが、「○○大学大学院修了」という場合は、卒業は別の□□大学で、偏差値の高い大学の大学院を修了することで、学歴をよりよく見えるようにするという方法（学歴ロンダリングなどとも呼ばれます）のこともあるので、それも知識のひとつとして持っておいてもよいでしょう。

また、医学博士という称号も、大学院などで特定の研究を行って論文を提出することによって与えられるものであり、博士という言葉から想像される「何でも知っている」の対極で、むしろ「○○分野の研究で成果を出した」というべき称号です。そのため、医学博士だから医学領域への発信が広範囲に質が高いと捉えるのは間違いの元ですし、いわんや「実際に患者さんを診療する」ということに関しては、ほぼあてになりません。

私も複数の「専門医」の称号を有していますが、最低限の保証があるという程度で、むしろそこからの努力が必要なのは学歴と同様です。

職歴に関しては、一般にはやはり一定の期間（一般的な）病院で常勤として働いていたほうが、患者さんを診療する力の目安にはなるでしょう。

もちろん当てはまらない場合もありますし、卒後数年などあまりに早く開業している場合、美容外科などの職歴の場合は、かかりつけ医としてお願いするには検討が必要かもしれません。

ただ、そのあたりの捉え方は難しく、例えば長年、大学病院などで専門分野を極めてきた医師はバリバリのスペシャリストなので、「気軽に相談できる、経験豊富なので安心」とは（かかりつけ医としては）必ずしもならないというケースもあります。

やはり一度かかってみて、実際にご自身の目で見て判断するのがいいでしょうね。

Q&A

家の近くのお医者さんがいいですか？遠くても総合病院のほうがいいですか？

近くのヤブ医者と遠くの名医では、近くのヤブ医者がよいという意見があります。ただ、遠隔診療が普及するので勢力図に変化が生じるでしょう。これもしばしばされる質問です。

私の意見を一言で言うなら「近いほうがいいです」。

そもそも病気は身体《からだ》の調子が悪くなるものですから、遠くには行けません。私も広範囲の地域の患者さんを診療していますが、かかりつけ医との併診をお勧めしています。ちょっとした不調は近くの相談しやすい医院・病院で行い、専門的なことはバリバリの専門家に相談するという使い分けがよいでしょう。

例えば、すぐに思いつくだけで述べても、緩和ケアや、リンパ浮腫、認知症、発達障害の専門家などは、近隣にいないことはわりとよくあることです。

かかりつけ医と専門家を使い分けることが重要です。

ただ、さすがに近くのヤブ医者は言いすぎでしょうね。

近くの医師の中で、よくコミュニケーションが図れる医師を選ぶのがよいと考えます。

結論から言うと、これからの時代は医師の使い分けが重要です。

自身の望むような医療を自らデザインしてゆくことが大切と言えるでしょう。そのためには、基本的な診療をしてくれる近くの医師を確保したうえで、必要な専門医療の分を自らのチームに組み入れてゆくという感覚が望ましいでしょう。

さらに、もう一点。

今後、対面ではなく、電子機器を用いて、離れた場所にいる医師などにかかる遠隔診療が普及する可能性があります。

そうすれば、ますます専門的なことは、都市部などに集中している狭い領域の専門家に相談し、日常の不調や心配は身近な医師に相談する……という形式が普及してくると考えます。

総合病院も、本来、待ち時間が長く、日常の細々としたことを相談するには適しているとは言い難いです。紹介状なしでいきなり病院にかかった際の追加料金も、今後多くの病院で徴収される傾向にあります。

頼れるかかりつけ医を探して見つけることが重要です。

その過程では、なかなか思うような医師が見つからないこともありますが、織り込んで行動するのがよいでしょう。大切なパートナー選びには時間がかかるのです。

Q&A

かかりつけ医は専門的なお医者さんがいいですか？　総合的なお医者さんがいいですか？

答えは**「総合的なお医者さん」**です。

もちろん専門家でありながら、総合的な診療ができる医師もいます。

また私の専門である緩和ケアのように、専門分野自体が総合的な観点を持つ分野もあります。総合診療科などもその名の通りですね。

かかりつけ医は、生活も含めて様々なことを相談できるというのが利点です。

身体の問題は言うに及ばず、生活や健康、時には家族の相談に乗ってもらうこともあるでしょう。そのため、特にトータルな視点を持った医師を選択するのが重要です。

一般には、コミュニケーション能力の高い医師がよいでしょう。

というのは、かかりつけ医は必要に応じて専門家と連携することが必要となるので、そのような要素を持っている医師だと必要時に他の医師などともうまく交渉してくれるという点からも安心です。


「でも先生、複数の先生にかかるなんて義理上の問題はありませんか？」

70代男性の山田さんは浮かない顔です。

「だいたい先生にかかるのも、やっとの思いだったんですよ。主治医がいるのに、悪いんじゃないかってね」

「それで先生は？」

「笑って、『山田さんにとってよいのなら、私は賛成です。緩和ケアってちょっと専門的なところがあるから、そこでプラスして関わってもらうのはよいと思いますよ』って」

「それは素晴らしいですね」

「ええ、もともと話がわかるっていうか、もちろん医学に関しては妥協しない先生で『これは絶対やるべき』とか有無を言わせないところもあるんですけれども、総じて融通を利かせてくれて」

医師にはそれぞれ専門分野があり、しかも医学の進歩とともに、各分野もどんどん新しい情報が出てきている状況です。すべてに精通する専門家はいません。

なので力量ある医師こそ、うまく他の専門家を迎え入れて医療を行っています。一匹狼《おおかみ》、孤高の存在……というような医療ドラマの医師は、現在では流行《はや》らないのですね！

決して患者さんにとってもよいわけではありません。

実際、手術はうまいけれども、緩和ケアはほぼできない、それなのに「緩和ケアを私がしているから大丈夫」と言って憚《はばか》らない（そして患者さんの苦痛は取れない）……というようなケースも見聞するものです。

かかりつけ医的なオールラウンダーの要素を持っている医師を相談役に設けていると、安心だと考えられます。

Q&A

ネットで評判のいいお医者さんをかかりつけ医にと考えています。ネットでかかりつけ医を探すときに注意することはありますか？

医師の顔が載っていないホームページは要注意。かかってみないとわからない。写真はあてにならない（笑）。何はともかく、かかるべし。

「ネットで調べてかかったんです」

50代女性の浦部さんがおっしゃります。

「そうしたら……？」

「写真は笑顔じゃないですか？　それなのに実際はブスッとしてつっけんどん。感じが悪くてびっくりしました」

「そうだったんですね。しばしばありますね」

「えっ、そうなんですか？」

「写真は〝盛る〟ことができますからね」

「ああ……〝映《ば》える〟ってやつですか？」

インターネットで検索して医療機関を受診する方も増えています。

実際、私のクリニックも、一切広告を出していないので、インターネットをご覧になって来られる患者さんが１００％です。

私は写真を盛っていないので、「そのままですね」と言われます。

けれども一般のクリニック写真などは、できるだけ感じがよく、親しみやすいように考えて撮影されています。なので、蓋《ふた》を開けてみるとびっくりということがあるのですね。

これはテレビによく出ている医師にも言えることで、口コミなどを拝見していると、実際に会ったらテレビでの気さくな感じは一切なく、対応もよくなく驚いた……というようなものもありますが、それはテレビ向けのキャラクターであり、期待するのはちょっと誤りかもしれません。

大切なのはご自身にとって、何が最も求めるものなのかを明らかにしてかかることです。

力量があって、接遇も良ければ最高ですが、全部揃《そろ》っているということは多いわけではありません。

求めるものは、クールな診断と治療なのか、安心できるような優しい姿勢や眼差《まなざ》しなのか、それによって望ましい医師は変わりますし、それに合うようにチョイスしていけばよいでしょう。

まずはかかってみて、質問も用意しておいて、しっかりと答えてくれる医師かどうかを見極めればよいと考えます。

またネットでも、広告のページは大変多いので、お金を払って載せているかどうかはチェックしたほうがいいです。ネットの検索で上に来るからといって、ちゃんとした医療をしているとは限らないので、ネットはできるだけ3ページや5ページまでクリックして見ることをお勧めします。

最近、注意するべきは、医師の顔写真が載っていないサイトです。

例えば、在宅医療機関で、そのようなホームページも散見されます。

おそらくお金をかけているのでホームページ自体は充実していて、一般的な知識は豊富に含まれているのですが、どうも「色を感じない」のが私のような専門家のセンサーには引っかかります。

そして、「どんな医師が働いているのかな」と探しても、顔が出てこない。

先般も、そのような「緩和ケアをしている」という在宅医療機関から、「苦痛が取れなくて」と移ってこられた患者さんを拝見しました。お話を聞いてみると緩和ケアは実質行われていない状況でした。

そして「カオナシ」。このようなクリニックは、経営者は別にいて、雇用された院長が次から次へとすげ変わっているケースがあります。

もちろん、そのときに在籍している医師次第ですが、専門性の上では不安が残るのは否めません。これらのポイントを意識し、ネットを積極的に使用して良い医師を探していただければと思います。

Q&A

かかりつけ医がいることのメリットを教えてください

健康によいことと時間とお金が節約できることです。

「病院に通えばいいんですよ」そういう方も少なくありません。

現状、日本はどの医療機関でも自由にかかれる制度です。

諸外国では、まずは基本的にかかりつけ医にかからねばならない制度が採用されている国もあるほどです。日本では病院信仰もあって、まず病院に行きたがる方が少なくありません。

けれども、日常の細々とした不調は、むしろ病院よりも近隣のクリニックなどにかかるほうがいいです。というのは、基本そのほうが「時間とお金が節約できます」。

もちろん街場のクリニックでも人気で混んでいるところはありますが、病院ほどではないことが多いものです。

また最近は、紹介状がないまま大病院にかかると別途費用が徴収されます。そのため、時間とお金が節約できます。

ただ、そのようなマイナス面からの視点のみではなく、かかりつけ医のほうが生活全般や健康について相談しやすいという側面もあるでしょう。

病院の外来は極めて混んでいて、医療以外のことを話す余裕がないことが大半です。

先述したように、クリニックも混んでいる場合がありますが、より生活に近い視点からの助言をもらえることも少なくないでしょう。

また病院に比べると、システム上から医師の異動が少ないこともメリットと言えるでしょう。

病院は医師の異動も多いため、これまで培った関係がなくなってしまったり、提供した医療以外の情報が引き継げなかったりという場合もあるのです。

最後に、医療や健康関連の情報には眉唾ものも多いため、信頼できて気軽に相談できる先があることは、有事の際に大きく結果を変えられるかもしれず、その点でのメリットも見逃せないでしょう。

Q&A

個人病院と総合病院、それぞれのメリットを教えてください

- **個人病院**　↓専門分野特化型は、その専門分野は強い。小回りが利く。
- **総合病院**　↓総合的な質は高いが、医師が選べないことが多い。

最近では病院の使い分けも重要になってきています。

医療の、ど本流の病院もあれば、普通の病院と違った性質の医療を提供している施設や、中には科学的根拠が乏しい種の治療（？）を行っている病院もあります。

それなので、病院＝すべて信頼できる、とは限りません。

総合病院は、かかりつけ医から紹介された場合に、まず行く病院としては適切です。

それはマンパワーも豊富で、一般に医師以外にも専門的な看護師や薬剤師も多く在籍しているためです。ただ概して忙しいため、接遇では必ずしも満足のいかない状況だったりするなど、ある程度やむを得ない部分もあります。

また医師も選べません。担当医次第で医療の満足度は大きく変わりますが、それが選べないことは大きいです。

病院によっては、どうしてもルールが厳しかったりします。私の専門で言うなら、がんの場合には末期となると「治療をしている人が優先です」として、他の病院に行かなければならなくなることもあるという点が、しばしば問題となります。

次に個人病院ですが、実は最近、このカテゴリーの病院は少なくなっています。

それは国の医療費を削減すべく診療の対価である報酬が抑制され、経営が厳しい病院が増えただけでなく、病院もM&Aなどで吸収・合併され、体力のある大病院グループの傘下に入る……ということがあるためです。

最近では、経営のこともあり、得意な分野に特化した病院も様々にあります。

そのような病院では、思いきって他の分野を切り捨てる一方で、専門分野における医療や細やかな対応は総合病院を上回ることもあります。

緩和ケアに関しても、終末期に入院する緩和ケア病棟やホスピスは、規模がそれほど大きくない病院に設けられていることも少なくなく、病院にもよりますが、良質な専門的ケアを提供しています。

なお、大きい病院のほうが待ち時間が長いかというとさにあらず、厚生労働省のデータ【厚生統計要覧（平成30年度）】「外来患者の構成割合，病院の種類×診察等までの待ち時間別」を参照すると、30分以上1時間未満の待ち時間である外来患者は大病院で21・3％なのに対し、小病院でも20・6％。大病院の1時間以上1時間30分未満の待ち時間は12・8％で小病院は11・0％と、病院規模が小さくても意外に待ち時間が短いわけではないことが示されています。

診察時間に至っては、5分未満なのは小さい病院のほうが率が高いのです。

ご自身の求めるものや状況に応じて、より適切な病院は異なります。

もしインターネットを活用しているなら、ご自身と関連がある病気の名前と地域のワードで検索していただくなど、事前によく調べてかかるのがよいでしょう。

なお、かかりつけ医から紹介を受ける場合は、その先生とつながりが深い病院が優先的に紹介されることもあるため、時に利便性が犠牲になってしまうこともあります。

そのため、「○○病院を紹介します」と言われた際に、ご自身の希望は、はっきり伝えるべきです。いたずらに遠方の病院を紹介されるのは得策ではないため、なぜそうなのかをよく尋ね、「□□さんの病気は特殊なため、専門家が少数で、だから○○病院を紹介します」などの必然性のある説明がない限りは、利便性などの希望をはっきりと伝えて紹介してもらうのがよいでしょう。

Q&A

医師とのつき合い方を教えてください

自覚症状や病歴はどの程度伝えればいいですか?

↓ポイントを絞って伝える。

病院の外来は時間との闘いです。

ポイントを絞って伝えることが大切です。

慣れないうちは、どう話すかをシミュレーションしたほうがいいでしょう。

できれば紙に書くなどして、話す順番まで考えておくと、スムーズに伝えられます。

自分が気にしていることと、医師側が必要な情報はしばしば異なりますので、想定外の質問が来るかもしれません。その際はしっかり返答するようにしましょう。

たまに、相当以前の病歴からさかのぼって話される方もいらっしゃいますが、現状の問題点に関係することから話すように心がけてください。昔から話し始めると、時間切れとなってしまうため、今困っていることの最近の経過から話し始めるのが良いでしょう。

基本は、問われたことにしっかり答えることです。そうすれば医師側も診断や治療の手がかりがよく得られ、結果自分にも利益が返ってきます。

なるべく、「これまでのこと」を冗長に話すのを止めて、医師にかかるきっかけになった今の問題点にフォーカスして伝達することが大切ですね。

Q&A

経過や症状の変化はどのように伝えればいいですか？

紙に書いて、事前に看護師に渡すという方法があります。

けれども、それでも口でうまく言えるか心配ということもあるでしょう。

自分が高齢の場合などは、家族に診察に付いてきてもらうことは有効です。

ただ、自分ひとりで受診しなければいけない状況もありますよね。

そのような際は、事前に症状や経過を記した紙を作成し、コピーを用意し、それを受付や外来の看護師に渡して、事前に医師の手元に渡るようにしてもらうという手があります。

そうすれば、医師はちらとそれに目を通すことができ、必要な情報を入手しやすくなります。一生懸命これまでの病歴を告げなくて良い可能性があるという患者さん側のメリットもありますし、医師側も必要な情報を事前に得ておけるので双方に利点があるのです。

文章ではなく、箇条書きで記しておくのも一法です。

時系列で書いておく方法もありますし、症状の場合も、時系列で書いても、症状ごとに項目を立てて書いてもいいでしょう。

ちょっと面倒くさいと思われるかもしれませんが、手練れの患者さんにおいても、メモに目を落とされて聞き漏らしがないようにされている方は多くいらっしゃいます。

外来は真剣勝負ですから、油断するとすぐに重要なことも含めて聞き忘れます。

そのための工夫が大切なのです。

Q&A 納得できないことを何度も質問したら失礼ですか？

聞いたほうがいいです。失礼ではありません。

しかし、何度も何度もはＮＧでしょう。


ただ「なぜそうなのか？」という、その答えの背景をしっかりと聴取することが大切です。あるいは「なぜ自分はそのことに関して違うと思っているのか」その背景を伝えることも重要でしょう。


結論だけのやり取りは、しばしば誤解を招きます。

「先生、この検査はどうでしょうか？」

「必要ありません」

「えっ……（絶句）」

そのようなケースも少なくないはずです。

「先生、実は再発のことが不安で不安で。それなので落ち着かない日々を過ごしています（★１）。一度、造影ＣＴ検査をして早期発見するというのはどうお考えでしょうか？」

「なるほど。うーん、いらないでしょうね」

「どうしていらないというご判断になりますか？（★2）」

「そうやって早く発見したとしても、治療は変わらず、あまり今後の見通しに変わりがないという考え方が一般的です。CT検査も被曝《ひばく》しますし、今後もする機会がありますから、無用なCT検査は避けたほうがいいと考えます」

「そうだったのですね。納得しました」

おわかりだと思います。

★1で、なぜそれを希望するのか、気がかりなのかの背景をしっかり伝えています。

★2で、なぜ医師がそう判断するのかを尋ねています。

この★1や★2の踏み込みをせず、表層的な「どうですか？」「やりません」だけでは、結果不満につながってしまいます。

納得のいくまで聞くのが重要でしょう。

それでも納得がいかなければ、同分野の専門家にセカンドオピニオンを求めてもいいと考えます。

一方で、背景までしっかりと聞いているのにもかかわらず、何度も同じことを尋ねるのも考えものです。あるいは他の医師の見立ても同じならば、本当にそうである公算は高いです。いずれにせよ、背景を言う&聞く、ということを大切にすることが肝要でしょう。

Q&A

薬のことや効果、注意点、副作用など、どの程度聞いたらいいですか？

聞いてもいいですが、医師以外の活用も考えましょう。

出された薬にむとんちゃくな方も少なくありません。

また出された薬剤を飲まなかったり、適当に飲んだりしている方もいます。

大切なのは、しっかりと薬の意味を理解して治療に参加するのはご自分ということを自覚することです。

「処方しておきますね」と言われたときは、

「どんな名前の薬剤」が

「どんな目的のために」処方され

「どんな代表的な副作用があるのか」そして
「いつ服用する必要」があり
「いつまで治療継続となるのか」
を最低限尋ねることが大切でしょう。

名前、主作用（効能・効果）、副作用、内服法（使用法）、使用期間ですね。

このようにひとつの薬剤に関して十分尋ねることは、話題になっている薬の多剤併用を予防することにもなります。

そして望まない薬剤があれば、その理由をはっきりと伝えることが大切です。

ただ得てして、病院外来に与えられる時間は少ないものです。細かく薬剤の情報を得られないこともしばしばあり、他の医療者を使いこなすことも考えるべきです。特に薬剤師は重要です。薬をもらう場合は、遠慮なく薬剤師に気になる点を質問しましょう。

医師には、特に「治療の意味・期間・代表的な副作用」を尋ね、「使用方法や細やかな副作用や注意点」に関しては薬剤師がいいかもしれません。

注意すべき点は、薬は重ねたら重ねたぶん良くなるとも限らないことです。

例えば一つひとつの症状にどんどん薬剤を出してゆくと、効果の足が引っ張られたりする場合もないとは言えません。できる範囲で多くならない配慮が必要です。

一方で、「じゃ、少ないほうがいいんだ」と固く思い込まれる方もいらっしゃいますが、そうとも限りません。治療の性質上、複数以上の薬剤を使ったほうがよいケースも確実に存在しますから、一律に3剤以上はダメ、5剤以上は論外……とはならないのです。

ただ、できる範囲で少なくしてくれることは、良い臨床家ならば試みてくれるはずです。

そのため、しっかりとその希望は伝えてゆくことが大切でしょう。

添付文書の考え方についてもお伝えしておきます。

現在はオンラインでも添付文書を閲覧できるようになりました。

ただ、それらの文書は、基本的に「細大漏らさず」つくられています。

そのため、稀《まれ》な副作用や、このような副作用は見たことがない、中には本当に直接的な関連があるのかと疑われるような内容まで含まれています。

大切なのは、「頻度が多いもの」「頻度は高くないけれども、起きると重大なもの」です。

薬というのはプラセボ効果といって、心理的な効果で、実際の薬効ではなく効くこともありますし、その逆にノセボ効果といって、心理的な効果で、実際に薬の影響ではなく副作用の症状が起こることが知られています。

効くと思って飲めば効くし、嫌だ嫌だと思って飲むと本当にマイナスの効果や副作用が出るのです。特に患者さんと医師との関係があまり良くない場合や、これまでに副作用が何度か出たり、大きな副作用が出たことがあったりするケースでは、ノセボ効果も出やすいと言えましょう。

ただ、それで薬の使用を安易に自己中断すると、薬剤によっては大変な結果を及ぼしうるものもあります。そのため、自己中断は避け、合わなかった場合は医師に相談するようにしましょう。薬は納得のいくように処方を受け、使用することが大切です。

結局、飲みたくなくて廃棄するぐらいならば、お金もかかってしまいますし、最初から出されないほうがいいでしょう。

しっかりと最初にコミュニケーションを図って、真に理解して服薬治療に臨むのがよいと考えられます。

Q&A

家族が過去に病院で嫌な目に遭ってしまい、医療を受けたくないと言います。どのように説得すればいいでしょうか？

世の中いろいろな人がいるのは、医師に限りません。

ひとつ嫌なことがあったから医者はダメというのは、「男は乱暴」「年寄りはキレる」などの一般化と同じであり、自分もそのように言われたらどうか？　と考えれば、思考の極端さがわかる……かもしれませんね。

人は誰でも自分のこれまでの人生の集積で今を生きます。

したがって、これまでの経験に今の思考が規定されることは避けられません。

医療に関しても、様々な経験を積み重ねるでしょう。

中には、医療に関しても、単なる食わず嫌いだけではなく、実際に嫌な思いや実害を受けて深刻な医療嫌いや医師嫌いとなっているケースもあると考えられます。

とはいえ、医者も30万人いますから、様々です。人もいろいろ、医師もいろいろです。

そのため、過剰な警戒心や、下心の存在を毎回疑う（例：お金儲《もう》けのためにこの治療を勧めているのではないか？）などがあると、治療を平静な気持ちで理解することの妨げになることもあるため注意が必要です。

すでに医療嫌い・医師嫌いの場合は、傷に塩を塗り込むような経験はできるだけ避けるべきですし、そうなるとより決定的に嫌悪感が深まってしまいます。

そのため、事前に評判の良い医師のリサーチが欠かせません。

インターネットの検索を行うほか、ご高齢の方に関することは地域の包括支援センターで相談を受け付けているので、そこで当該の病気や健康障害に関して良い医療機関や医師などの情報を得るという方法も考えられます。

認知症に関しても地域包括支援センターは、そこから認知症初期集中支援チームなどにつながることもあるため、それらの適切な窓口で相談することが重要です。

特に認知症は、ご本人も認識のないことが多いですし、ご家族も「こんなものか」と思ってしまっている場合もあります。受診の拒否や、性格の変化等に関して、認知症が潜んでいることもあります。注意が必要です。

ご家族の場合、厳しい言葉で勧めてしまって、余計に関係がこじれることがあります。

「病院に行きたくない」

「病院は大嫌い！」

などの場合に無理に連れてゆくと、問題が複雑化することもあるため、まずは十分情報収集や相談を行ってから、動いてゆくのがいいでしょう。

「強く言わないとわからないんだ」とおっしゃるご家族もいますが、そうとも限りません。〃ねばならない〃ではなく〃こういう良いことがある〃とやんわりと、しかし折に触れて伝えてゆくことが大切でしょう（もちろん容易なことではありませんが）。

どうしても、個人差はあるものの、年齢を重ねるとこれまでの解釈にとどまるほうが安心するという側面もあるため、新しいことには踏み出しにくい点があるかもしれません。

無理に強制してもいけないですから、徐々に変わるように気長に構えてゆくことだと考えます。

Q&A

健診の注意点を教えてください

異常があれば、かかりつけ医に相談しましょう。

かかりつけ医がいなければ、かかりつけ医をつくりましょう。


自治体の健診（健康診断）は比較的安価に受けられます。

高血圧、脂質異常症、糖尿病などの代表的な生活習慣病の存在がわかり、早めの受診につながりますので、定期的に受けることは一定の意義があると考えられます。

ただ、当然のことながら、健診では、ほぼがんはわかりません。

がんを発見するには「がん検診」が必要です。

検診についてては先の章で述べましたので、そちらを参考にしてください。

なお健診に関しては、かかる医療機関を選べるので、それをきっかけにかかりつけ医にするかどうかを判断できる側面もあります。

健診の際に良い印象があれば、そこに継続的にかかってみるということもありえるでしょう。

結果に関しても、異常な値やデータがあるようならば、積極的に尋ねることが重要です。ただ言うまでもなく、健診も検診も限界がありますので、それだけに頼らず、普段から健康維持のための生活を送ることはもちろん、不調が持続するようならばすぐに受診をしてみることが大切と言えるでしょう。

Q&A　検診で発見された「がん」についての注意点は？

検診で発見されたがんでも基本、気にすべきです。がんはすべてが同じ経過ではないことが知られてきています。大きく分けると４種類あります。

①経過観察していると増えたり転移したりして命を奪うがん→治療すれば助かる。

②経過観察していると増えたり転移したりして命を奪うがん→治療しても助からない。

③経過観察していると消失したり縮小したりするがん→命には関わらない。

④経過観察をしていると進行するが、その進行が遅いために、そのがんでは死なない。死ぬ際は他の病気で亡くなる。

検診で見つかるがんが、②〜④である可能性もあるのです。

そうすると、治療の意味が乏しく、特に③や④だと放っておいても良かったのが無駄な治療を行うことになってしまいます。

とはいえ、①もあるので、治療をしないということにもリスクが伴います。

難しいのは、①〜④のどれに該当するがんなのかを、事前に100％見極める方法はまだないということです。

ただ、最近は、がんの遺伝子検査が進歩していて、例えば乳がんにおいてはそれで再発の危険度を評価し、治療の有無を決めるなどが行われるようになってきています。

今後は、この腫瘍は治療したほうがいいとか、これは様子見でいいだろうとか、そのような目星がつくようになる可能性もあります。

けれども今はまだそこまで至っていません。

検診で見つかったがんは、放置すれば命に関わる可能性があります。一方で、様子を見ても死なない可能性があります。けれども、様子を見た時に万一取り返しがつかない状態になってしまえば、きっと後悔するでしょう。

年齢が非常に高いということでない限り、治療を受けるという決断をされる方も多いでしょうが、現状はそのような事情があるので、その選択が基本は正しいと思います。

けれども、他の病気で先に最期を迎えそうな場合など、無理に治療することの意義が乏しいケースもありますので、よく専門家と相談してください。

Q&A

50代以降はどのぐらいのペースで検診を受けるべきですか？

●乳がん

40歳以上。2年に1回、マンモグラフィ。

セルフチェックは月1回。

解説：全米総合がんセンターネットワークでも40歳以上の検診が推奨されており、日本だけが検診を推奨しているわけではありません。BRCAなどの遺伝子変異がある場合は検診の推奨開始年齢が異なりうるのでよく医師と相談してください（※34）。

●子宮頸がん

20歳以上。2年に1回、子宮頸部《けいぶ》細胞診（※35）。

●大腸がん

40歳以上。年1回。便潜血検査。

補足：50歳を超えたら大腸内視鏡検査を数年に1回併用することが検討されます。ただ便潜血検査も相当な実力があり内視鏡検査と遜色がないという見解があります。しっかり施行する価値はあるでしょう（※36）。

特定の遺伝子変異があるケースでは推奨が変わりますので、濃厚ながん家系の方は遺伝医学等の専門家（臨床遺伝専門医など）に相談することが推奨されるでしょう。

●胃がん

50歳以上。2年に1回。胃内視鏡検査。

ピロリ菌の感染歴がない人（胃がんリスク層別化検査のA群）は胃がんのリスクが低いため、頻度（検査の間隔）は上記である必要はないでしょう。

●肺がん

40歳以上。年1回。胸部X線検査。

50歳以上で「喫煙指数＝1日に吸うタバコの本数×喫煙している年数」が600以上の人は喀痰《かくたん》細胞診を併用。

先述のように、日本でも50歳から74歳の研究で、低線量CTで肺がん死亡リスクは51％減少、総死亡リスクも43％減少という結果が出ており、特に肺がんのリスクが高い喫煙指数が600以上の人は低線量CTも検討してよいと考えます（※37）。

Q&A

肺炎ワクチンについて教えてください

肺炎ワクチン、実際には肺炎球菌ワクチンは、予防接種法に基づく定期接種が開始され、その対象者は65歳以上です。

肺炎球菌ワクチンは肺炎のうちでも肺炎球菌という細菌が原因の肺炎の中の、一部の菌に対しての免疫を構築するものです。

それにより侵襲性肺炎球菌感染症という肺炎球菌による重い肺炎を抑止することができます（※38）。ただし、全死亡率や慢性疾患を有する人の肺炎を統計的に意味のある程度で減らさなかったことや、国内における成人の侵襲性肺炎球菌感染症や肺炎球菌性肺炎の罹《り》患率《かんりつ》が、成人のワクチン定期接種導入前後で減少したという報告はないともあり、超強力な効果とも言えないのが気になるところです（※39）。

ただワクチンも、病気に合わせて様々なものがあるため、十把一絡《から》げに判断しないことが重要です。

以上、医療の賢い使い方について解説しました。

医療はうまく使いこなせば有益な道具です。限界もありますが、できることもそれなり以上に多いです。医療には好悪あると思いますが、自分に役立つように活用することが大切で、そうできれば元気で長生きをアシストするものなのです。

第4章

健やかに楽しく生きるための考え方

公私の人間関係を見直そう

この章では、緩和ケアの専門医として、主によりよい人生を送るための「考え方」を書いてみました。身体《からだ》の変化に対応したり、食事や運動、睡眠に思いを馳《は》せたりすることも、もちろん大切ですが、ご自分の「考え方」をいかに定めるのかも重要なことです。

まずは、身近な家族のこと……配偶者とのことです。

定年後に夫婦関係を崩壊させないために、配偶者との関係に気をつけておくことをお勧めします（お互いにコミュニティを構築すること）。

松本さんは困惑していました。60歳で退職。十分な貯蓄もあると判断され、悠々自適な第二の人生を歩み始めたのです。

満員電車で押されながらの通勤もなくなり、朝はゆったりと朝食を取り、新聞に目を通し、ワイドショーなども見ながら、これからの人生の展開を考えるのでした。

とにかく読みたかった本や見たかった映画もたくさんあります。

まずはそれらを片づけてから、おいおいいろいろなことを始めていこう。

それに仕事も多忙で、なかなか行きたいところもこれまで行けませんでした。南米だとかアフリカだとか、行ってみたいところはたくさんあります。そうだクルーズも行きたい。

松本さんは旅行のパンフレットを集め、リビングで比較検討していました。

そうしていると昼の時間がきて、奥さんの幸子さんがつくってくれた昼食を取り、ソファで昼寝をし、気がつくと夕方になって大相撲をテレビで見ると、ニュースをチャンネルを変えながら吟味し、時事情勢についても奥さんに語ります。

定年間近なのにもかかわらず帰宅が遅かった頃とは比べものにならないくらい落ち着いた生活です。

松本さんは幸せを噛《か》みしめるのでした。

そして数か月後、事件は起こりました。

２人の子どもも成人して、それぞれ家庭を持っているのですが、孫を連れて帰省してきた息子の清志さんに忠告されたのです。

「親父さ、もうちょっと外に出たらいいいんじゃないの？」

「えっ？　どうしてよ」

「あのさ、うーん……」

清志さんは口ごもります。

「何だよ、言ってみろよ」

清志さんは言いづらそうに続けます。

「あのさ、おふくろ」

「ん？　幸子か？　どうした？」

「何も思い当たることはない？」

松本さんは頭を回転させ、記憶をたぐります。

「そういえば……」

「そういえば？」

「元気がないかもしれんな……それが？」

清志さんは苦笑します。

「あのさ、親父。その原因がさ、親父だったらどうする？」


皆さんは、松本さんの失敗は何だと思うでしょうか？

家族の形は、本当にそれぞれです。中には何十年経《た》っても、いつも一緒という夫婦もいるでしょう。けれども、もともと夫婦別個の生活に慣れているとしたら……？

中には、配偶者が長時間在宅していることにストレスを感じる方もいるでしょう。

松本さんの場合も、まさしくそれでした。

夫婦の関係は難しく、それぞれの温度差があるケースもあります。幸子さんは、退職前くらいの夫とは接する時間がある程度限られているほうが心地よかったのです。

おふたりは決して不仲というほどではありません。

けれども、幸子さんには、趣味で行っているコーラスや、ボランティアで行っているケアカフェなどもあり、日々忙しく生活しており、また属しているコミュニティも多かったのです。

決して鈍感な松本さんではありません。

「なるほど……」

そう思いました。

確かに朝から晩まで在宅で、食事もつくってもらい、ひょっとすると妻も息抜きの時間なども持てないだろう、すぐそのことに思い当たったのです。

修正力豊かな松本さんはさっそくシニアサークルを探すと、料理系とアウトドア系のふたつのサークル活動を始めました。

もともとコミュニケーションも苦手な方ではありません。

すぐに友人もでき、家を空けることも増え、また幸子さんとの関係も穏やかになりました。

確かに、退職を契機として、今まで2人でできなかったことにいろいろとチャレンジする夫婦もいます。

私も知っている、ある膵臓《すいぞう》がんの患者さんは、奥さんと10年のあいだに世界中を旅したそうです。

奥さんは、彼が亡くなったとき、60歳までは本当に忙しかった彼だけど、10年は一緒の時間を本当にたくさんつくってくれました、だから一切悔いはありません、と晴れやかな笑顔でおっしゃいました。

そのような夫婦もいます。

けれども、何十年も「程よい距離間」を保ってきた夫婦もいます。

そのような場合は、急に変えすぎると、前述の松本さんのようなこともありうるのです。

そのため、やはり**家族以外の関係性を保持しておく、**というのは、生きがいの構築や、継続的なコミュニケーションを通して社会的な能力を維持するということにも寄与してくれるでしょう。

家にこもっていると視野も偏りがちです。

積極的に外に出て人と触れ合うことは、様々な視点や評価軸に触れることでもあります。仲が良い夫婦であっても、それぞれの世界やコミュニティを構築・維持できるようにすることは、定年後において有効な策と言えるでしょう。

２０１９年版の内閣府の『高齢社会白書』によれば、東京23区の独居かつ65歳以上の自宅での死亡者は３３３３人。孤立死を身近な問題と感じている一人暮らし世帯は50・８％とされています。年間の孤独死者は３万人に及ぶとも言われ、もちろん孤独死をしないためにコミュニティに所属するのが第一義ではないにせよ、様々な関係を保持しておくことはいざというときにも役立つと言えそうです。

嫌なことをスルーする「割りきる力」を持つ

老後の生きがいを考えるうえでヒントは、**スルーする力＝割りきる力**を持つことです。

70代男性の田村さんはいろいろなことに腹が立って仕方ありません。

田村さんは脳梗塞の後遺症があり、左半身に軽度の麻痺《まひ》が残っていて、杖《つえ》をついています。電車に乗って、優先座席の近くでよろけても、誰もが無関心です。

無性に腹が立ちます。家でも奥さんの昭子さんとは喧嘩《けんか》ばかりです。

先日は近所の家が友だちを呼んだようでやかましく、クレームをつけに行きました。すると、出てきた若い女性と口論になりました。

自分でもキレやすいとは思っていますが、世の中が悪いとも感じます。

なかなか自分でもどうすることもできず、困っています。かと言って、奥さんを始め、誰も相談には乗ってくれません。自業自得だと考えると苦笑しかできませんが、何とかならないかと思ったりもしています。

脳はどこも大切です。しかし、とりわけ重要な部分が知られています。思考や創造性を担い、人が人であることを司《つかさど》り、脳の最高中枢であるとされているのは、**前頭葉の前頭前野**です。

前頭前野の中でも、記憶や認知、意欲、判断に関係しているのが**背外側前頭前野**《はいがいそくぜんとうぜんや》という場所であり、コミュニケーションや共感、社会性に関係しているのが**背内側前頭前野**《はいないそくぜんとうぜんや》であるとされています。攻撃行動にブレーキをかける働きも知られています（※40）。

ところがこの前頭葉は、萎縮することが知られています。キレやすくなるということとあながち無関係とは言い切れません。

脳の萎縮の早さや程度は個人差が大きく、特に前頭葉の後方や側頭葉は、前頭葉の前方や後頭葉に比べて、加齢（老化）に伴う萎縮が目立つのだそうです（※41）。

前述の背外側前頭前野や背内側前頭前野は名前の通り「背側」なので、萎縮が目立ちやすい場所なのですね。

ところが、黙って指をくわえていてはいけません。

脳細胞は再生もしますし、萎縮に影響する因子を調節することができます（※42）。

萎縮を進行させるもの：脳血管疾患、飲酒、喫煙
萎縮を防ぐもの：有酸素運動（歩行・ジョギング）

以下は、50歳以上の男性381名と女性393名を対象とした研究の結果ですから、定年後が気になる読者さんにはピッタリのものです（※43）。

結果は次の通りです。

●男性……1日の歩数が最も多いグループ（約1万歩／日以上）の前頭葉の萎縮の悪化のしやすさは、最も歩数が少ないグループ（約6000歩／日未満）の約3分の1にとどまっていた。つまり、よく歩く人は前頭葉の萎縮が悪化しにくい。

●女性……男性とは対照的に、歩数と前頭葉の萎縮の悪化との関係性は認められず。一方、総エネルギー消費量が最多、つまり「運動（体を動かすこと）によるエネルギー消費量＋基礎代謝量＋食事によるカロリーの消費量」が多い群の前頭葉萎縮の悪化のしやすさは、総エネルギー消費量が最も少ないグループの約10分の1。基礎代謝量は筋肉量が多いと増えるため、身体を動かすのに加え、筋肉量の維持が良いとされる。

まずは運動で予防に勤《いそ》しむことが重要ですが、気持ちのコントロールに何か良い方法はないのでしょうか？

アンガーマネジメントとレジリエンスとは？

最近注目されているのは、アンガーマネジメントとレジリエンスです。

１　アンガーマネジメント

アンガー＝怒りであり、アンガーマネジメントとは怒りのマネジメントにほかなりません。怒りの感情は負の連鎖を来します。怒りは人に伝染します。あるいは相手の反応でさらに自分の怒りが増幅することもありますね。

したがって、自らの怒りを消すことが自らのハッピーにつながるわけです。

なお、このマネジメントは、他の人の怒りにも対応できたり、悔しさの負の感情もプラスに変えることができたりするとされています（※44）。

では、具体的にはどうしたらよいのでしょうか？

それは、怒りと上手につき合うことです。怒りは自然な感情であり、それが起こるのは当然で、処理が問われているのです。次のような方法があるとされます。

●衝動のコントロール

怒りが強く出るのが最初の6秒。なので「最初の6秒をやりすごす」ことが大切です。怒りを冷静に分析し、怒りに10段階で点数をつけ、客観的に何に怒っているのかの分析を行うのです。

怒りの原因を書くことも有効です。確かにその内省で6秒くらいは過ぎて、若干の気持ちの落ち着きを取り戻す可能性も大いにあります。

衝動性のままにぶちまけないことが肝要です。

●思考のコントロール

相手に求めている「～べき」が、妥当なものかを検討するのです。相手は相手の背景や考え方があり、自分の思っている「当然～すべき」が当てはまるとは限りません。本当に怒る必要がある内容なのか？　を問うてみることです。

こうして他者との違いを埋めていく努力を行っていきます。

●行動のコントロール

自分にコントロールできる範囲のものを理解することが怒りのマネジメントに有効だとされます。

最近怒ったことについて書いてみます。次に、それが「いつまでに」「どのように」「どのくらい変わったら」気が済むのかを決めます。

何がコントロールでき、何がコントロールできないのかを明確化し、後者は放置します。

自分にコントロールできる範囲を理解し、それから外れるものは「そういうものだ」と受け止めることが、怒りなどの感情をマネジメントするのに有効なのです。

とにかく、瞬間的に反応して怒ったり、軽はずみな行動をしてしまって、より状況を悪くさせ、怒りを募らせる……という悪循環もないとは言えません。

普通の人が驚くような事件をしでかしてしまうのも、そのような悪循環の蓄積かもしれないのです。

一つひとつの怒りを感情の赴くままに発散しても、実際は楽になっていないことも多いのです。

一つひとつの怒りをむしろ冷静に分析し、うまく対処することは、良い心身及び社会面の循環をつくってゆくでしょう。

2 レジリエンス

レジリエンスも注目されている力です。

レジリエンスは、それぞれの人が持つ、ストレスなどの外的な刺激に対する柔軟性であり、「回復力」「復元力」などと訳されます。

この力が強ければ、逆境にあっても気持ちが折れずに乗り越えやすいことが知られてきたのです（※45）。

いい意味で「メンタルが強い」とも言えるでしょうか。

ではどのような要素があるとレジリエンスが育まれるのでしょうか。

- 感情をコントロールする力：状況に一喜一憂しない
- 自尊感情：自分の力を過小評価しない
- 自己効力感：自分が成長前進していると感じることができる

●楽観性：失敗の中でもいつかできると捉えられる
●人間関係：自分の世界に閉じ籠もらず、愚痴を言ったり困ったことを話したり一緒に笑ったりという関係がある

確かに暴発したり動揺したりする人は、自信を失い、自己効力感が低くなっている可能性があります。これらの要素を意識し、改善できるものから少しずつ取り組んでいくことが、レジリエンスを向上させることにつながる可能性があるのです。

レジリエンスに関しては他に、次のような6つの要素を挙げるものもあります（※46）。

①**自己の気づき**
自己の思考、感情、行動、生理的反応に注意を払う能力

②**自己のコントロール**
望ましい結果を得られるよう自分の思考、感情、行動、生理的状態を変化させられる能力

③現実的楽観性

ポジティブなことに気づき、期待し、自力でコントロールできるものにフォーカスし、目的を持った行動を起こせる能力

④精神的柔軟性

状況を多角的に見て、想像的かつ柔軟に考えられる能力

⑤キャラクター・ストレングス

最高の強みを活用して、自分の能力を最大限発揮し、困難に打ち勝ち、自分の価値観にあった人生を想像する能力

⑥関係性の力

強い信頼関係を築き、維持する能力

ほぼ先ほどの内容と重なっていると思います。

先述の田村さんは、前頭葉のパワーアップに取り組みました。

ＭＩＮＤ食に、積極的な運動で、身体をふさわしい方向に持っていこうとしました。

アンガーマネジメントを意識し、レジリエンスの各要素にも注意を払いました。

最近では、怒りの感情は、ほぼ自由にマネジメントできるようになりました。

そうすると不思議と、みんなが寄ってくるようになり、地域のボランティアの要として活動しています。


俳優の武田鉄矢さんは、65歳から合気道を始められたそうです（※47）。

61歳のときに人工弁を入れる心臓の手術を受け、その後、気持ちが常に落ち込むような抑うつ的な状態に陥ってしまい、夫婦での言い争いも絶えなかったそうです。

そんなときに、合気道道場で先生が次のような武道論を語りました。


「逆らっちゃいかん。風が吹いてきたら静かに吹かれましょう。頑丈な木は折れますが、柳は折れないでしょう。相手が押してくるんだったら押されなさいよ。相手が引くんだったら引かれなさい。ただ、そのときに真後ろに下がらず、わずかに横に受け流す。そこから技が始まるんですよ」

これこそ、レジリエンスの思考です。

ささいなことに反撃しようとすると、身体も硬くなり、けがもしやすくなり、また弱い。力に逆らわず、流れに逆らわず、それでも諦めているわけではない。

武田さんは、ここから夫婦喧嘩でのやり取りを思い出したそうです。

また武田さんが体得した合気道の考え方にこのようなものがあります。


《合気道の基本は「何が起きても驚かない」ということなんですけど、驚かないためにはいつも小さく驚くことが大事なんですって。小さく驚いていると大きい驚きを受け止めることができる。（略）驚くっていうのは、心を動かすということですね。綺麗《きれい》なものを見たときは「綺麗だね」って、道で気持ちいい風が吹いたら「気持ちいいね」ってそのたびに感動すると。そういう小さな習慣を積み重ねることで、歳《とし》をとっても自分の感性を錆《さ》びつかせない。歳をとるのが怖くなくなりますよ》

ある40代の末期がんの患者さんは、「あらゆるものが美しい」と言いました。

雨がやんだ後に、路傍の草から滴り落ちる雫《しずく》。

ふと空を見上げたときに、東京の空にわずかに輝いた星。

幼稚園帰りの子どもが、先を急ぐ母親の手を掴《つか》みそこなって、それで一生懸命に追いついてつなぐその姿……。

命の終わりを予期すれば、人はそのような心境に至ることさえあります。けれども、生きていると、明日死ぬかもしれないのにもかかわらず、なかなかそのみずみずしい気持ちに出会えないのです。

小さく驚くことで、大きな驚きを受け止める。参考になる言葉ですし、レジリエンスの考え方だと思います。

ブログや日記などで表現活動を楽しむ

最近では、ブログをご自身の力にした方の代表的な有名人として、故・小林麻央さんが第一に挙げられるでしょう。

亡くなるまで続けられたブログは大変大きな反響を呼びました。

もちろん、彼女の言葉で勇気づけられた方も多いでしょう。

ただし、無視し得ないのは、「書くこと」は書いた人自身にも力を与えるということです。

そしてさらに、ブログやSNSの場合は、もちろん心無い人に妙なことを書かれる場合もあるものの、そのデメリットを上回って、人と人との関係が生じる可能性を生みます。

実際、私にも、稀《まれ》な病気や境遇で、なかなか同志を見つけられなかった方が容易につながることができたという患者さんからの報告が相次いでいます。

書くとどのような良いことがあるのでしょうか。

それは自らの漠然とした感情の背景が可視化されることがあるということです。

先ほどのアンガーマネジメントの話ともつながってきます。

書くことで「なぜ？」という問いが生じます。

あるいは「あのとき何があったのか」ということを心理面も含めて見つめることにつながります。すると、自身の気持ちや、大切なもの、避けたいものが見えてくるのです。

そして、自分の感情に蓋《ふた》をせずに表現できることも大きいです。

最近、アメブロなどは一大闘病ブログとなっており「大変良い傾向」だと私も10年以上ドクターの部のブログを続けて感じています。

匿名なので、嫌な気持ちや、きれいではない気持ちも何でも自由に表現することができます。これは気持ちの浄化にもつながってきます。抑圧から発散が、暴力的に人に当たることではなく、書くことを通して可能となるのです。

実際、興味深い研究があります。

腎細胞がんの患者さんが、「自分の心の深奥と真摯《しんし》に向き合って、表現豊かな執筆をした群」と「そうではない群」とに無作為に割り振られて研究が行われました。

なんと感情豊かに書いた群で、がん関連症状を軽減し、身体機能を改善したという結果が出たのです（※48）。

そのような作業が、認知処理機能の向上にも働くことが指摘されています。

感情に蓋をすることはよいことではありません。ひょっとすると皆さんも、日々努めて感情をコントロールしているかもしれません。ただ、そのような我慢は禁物です。

ある記事によると、１５０人以上のメラノーマ（悪性黒色腫）の患者さんを面接した心理学者らの見出《みいだ》したことだと次のような性格のタイプＣががんになりやすいとか（※49）。

①怒りを表出しない。過去においても現在においても、怒りの感情に気づかないことが多い。

②他のネガティブな感情、すなわち不安、恐れ、悲しみも経験したり表出したりしない。

③仕事や人付き合い、家族関係において、忍耐強く、控えめで、協力的で譲歩を厭《いと》わない。

権威に対し従順である。

④他人の要求を満たそうと気をつかいすぎ、自分の要求は十分に満たそうとしない。極端に自己犠牲的になることが多い。

（『がん性格 タイプC症候群』L・テモショック、H・ドレイア著、岩坂彰、本郷豊子訳 創元社刊より引用）

なぜ、タイプCはがんになりやすいのか。著者の分析だと次のようになります。

タイプCは、人づき合いによって非常にストレスをためやすい面があります。

他人に失礼なことを言われても、嫌な感情を口に出しません。自分より他人の意見を優先させ、いつも協調的に接します。また、怒りやネガティブな感情を表出せず、それに気づかないこともあります。

いつも雰囲気が良く、他人ともトラブルを起こすことは少ないのですが、素直な感情を心の奥で抑圧しているために、ストレスは確実にたまります。それが免疫防衛機能に影響し、がんへのリスクを高めると考えられています。

これは、悪性黒色腫だけの調査のようです。

すると全部のがんに当てはまるのか、という見解が生じるでしょう。１９９２年に発表された論文にも出ているようです。科学的にはともかく、興味深いものとしては読めると思います（※50）。

他にも1999年の、乳がんの患者さんの研究において、次のようなものがあります（※51）。

◎不安・抑うつテストの抑うつ領域の値が高い患者の全死亡率が高い

◎がんに対する心理的適応を評価するための尺度であるMAC（Mental Adjustment to Cancer）で無力感／絶望のカテゴリー（正確には、Helpless/Hopelessカテゴリー）の点数が高いほど、再発や死のリスクが高い

飛躍した結論は厳に慎まなくてはいけませんが、抑うつや無力感／絶望感があると、再発や死亡に関連しているという結果から考えて、心理的な状態ががんの経過にも影響を与える可能性はあるということでしょう。

がんになってからも、がんになりやすい思考を正すことが、経過に関連しないとも言い切れないでしょう（もちろんこれは仮説です）。

タイプCは典型的な、うちにこもって、心を押し込めようとする性質のように読めます。俗に言う「いい人」と呼ばれることもあるでしょう。

やはり気持ちは、親しい人や医療者などにオープンにする機会を持つことが、あるいは

嫌なことは嫌と言えるほうがよさそうです。そして、書くこともそれに類する効果を得られる可能性があります。

リアルな現場においては、もちろん過剰な気持ちの出しすぎもコミュニケーションを損なう可能性がありますが、普段気持ちをオープンにして失敗する傾向がある人にとっても、「それでも出していいのだ」と励みになるニュースかもしれません。

「グッと我慢は大敵」だと言うことですね。

書くことにも、ぜひトライしてみてはいかがでしょうか？

第5章

50代から始めておきたいリアルな終活

治療の決定権は誰にあるのか？

「最善を望み、最悪に備えよ」

これが大切なことは先に述べました。

「以前より、歳《とし》を取ったなあ」

そう自覚されることはありませんか？

私は非常勤医として90代の方も訪問診療していますが、このようなことを口にする人は少なくありません。

「先生、90代は80代とはまったく違うよ。衰えた」

身体《からだ》も、気持ちの面も、記憶力なども以前とは違う、そうおっしゃるのです。

だとすると、結論はひとつではありませんか？

「誰よりも早く、今、準備を始めるのがよい」ということです。

10年後、今と同じように準備できるとは限りません。

ましてや健康、その土台である食事や運動をおろそかにしていれば、10年後に到達している場所は全然違う可能性があります。

ここからは、できるだけ早めに始めておいてまったく損はないこと、知っておくといいことを中心にまとめています。

ぜひご覧ください。


治療の決定権は誰にあるのか？

当然自分ですね。

そうです、自分です。普通だったら、そう考えます。

けれども、**「自分の意思が表示できない場合がある」**ということをご存知でしょうか。

70代男性の窪田さんは、「最期は家で迎えたい」という強い思いがありました。彼は膵《すい》臓《ぞう》がんと診断され、治療を行ってきましたが、その甲斐《かい》なく、終末期となってしまいました。

彼にとって予想外だったのは、足腰の衰えでした。

かろうじてトイレに行くことはできるのですが、なかなか厳しい状況です。

全身衰弱から感染症になって、一般病棟に入院しましたが、幸いにして回復しましたが、一時期せん妄（身体の原因などから意識の変容が起き、混乱や興奮などが生じる。時間や場所、人の感覚があやふやになる見当識障害も出現する）となってしまいました。

よくなったので退院を担当医に希望しました。

返ってきたのは思いがけない言葉でした。

「窪田さんは、退院は難しいと思いますので、転院しましょう」

「なんで、ですか？」

驚きのあまり、窪田さんの血相が変わりました。

「いや、窪田さんは最近身体が弱っておられて、眠っていることも増えていますよね。今もそうでしょう？」

確かに、自身は一部しか覚えていませんが、入院後少し自分がおかしくなったようですし、今もボーッとするときがあります。

「それはそうですが……」

医師は畳み掛けるように言います。

「ただ、はっきり言うと、窪田さんの奥さんと娘さんが反対しているんです。もう私たちでは看《み》られない、と。だから転院でと強く希望されています。窪田さんは聞いていませんか？」

もちろん聞いていません。

「何も聞いていません」

「そうですか……、ただ窪田さんとご家族で十分相談してください」

結局、身体が弱った窪田さんは、ご家族の強い決断を受け入れざるを得ず、泣く泣く他の病院に移っていかれました。

終末期になると身の回りのことが自分ではできなくなる

これまでの窪田さんのご家族に対する振る舞いの影響もあったかもしれませんし、特にそうではないけれども、奥さんや娘さんが無理と思ってしまったのかもしれません。

もちろん、もともと関係が悪ければ、最後本人の好きなようにすることは、しばしば反対される傾向も否めません。

いずれにせよご家族の歴史があるので、何とも言えないことです。

しかし重要なことは、誰もが終末期となると、身の回りのことが自分ではできなくなり、意思決定が、意識障害や意識変容から難しくなるという事実です。　最後の最後には、自分で意思決定を行うことは一般に困難になります。

したがって、「自分はこのように最後を過ごしたい」という明確な希望があるのならば、早めにそれを準備し、実行してくれるようにお願いしておかないといけません。

もっとも、がんは比較的終末期まで意識が保たれる病気であることは知られていますが、人はがんだけで亡くなるわけではなく、脳梗塞後遺症や神経難病、認知症などの年単位で意思表示が困難となる病気もあるのです。

いざというときになってからだと間に合わないこともあります。

また、しばしば揉《も》めるのは、**「では誰が最も決定権のある代諾者であるか」**ということです。方針を巡って、兄弟間や、配偶者と子の間で揉めるのはめずらしくないことです。

遠方の家族がいる場合や、お金を出している人と実際に介護している人が別の場合、家族関係が複雑な場合、財産が絡んでいる場合などは、より難しくなることもあります。

さらに、他に「現在すでに子ども同士が不仲である場合」「子どもがいなく、きょうだいが多い場合」「相続人である子どもが2人以上いて、主な財産がひと組の土地建物だけ」などの場合は、医療に関してだけではなく、逝去後も延長して揉める可能性があるので注意が必要です。

いざというときの自分以外の最高決定権者は誰かなど、事前に十分相談し、共有しておくことが大切になります。

ある70代の男性患者さんのご家族の場合は、近くの息子さん夫婦（奥さんが主介護者）と、遠くの娘さん夫婦（息子さんからは姉に当たる）が次第に方針を巡って仲違《なかたが》いしました。しかも、費用負担が切半であったことも、人的貢献が強かった息子さん夫婦には承服できかねることがあったのでしょう。また方針に関しても、娘さんは強く意見することもしばしばあったようです。

なんと、ある日を境に、ピタリと息子さん夫婦が来なくなってしまいました。それまでいろいろとおっしゃっていましたが、そこまで思いきった行動に出たことには、みんなが驚きました。娘さんは遠方なので、あまり来られません。

患者さんは一人ぽつねんと最期まで過ごすことになってしまいました。その患者さんも、ご性格や衰弱から、仲介できるような状況ではありませんでした。

医療者も息子さん夫婦のお話もよく伺って、不満を解消するように努めていたのですが、きっとその蓄積は莫大《ばくだい》だったのでしょう。

この事例も、もしかすると事前に、しっかりと交通整理しておけば、最期の悲しい事態は避けられたかもしれません。

なかなか話しづらいことではありますが、このように「人は最後の何週間、最長では何年も、自分の意思を表示できないこともある」「人に委ねなければいけない時期はほぼ絶対に来る」などを知っていれば、話し合いを試みる原動力となるのではないでしょうか。

先ほども述べたような、いさかいの種となるような環境にある方の場合はより事前に動いておくべきだと考えます。

緩和ケアを受けるか、受けないか決める

緩和ケアなんて末期だから自分には関係ない。あるいは緩和ケアなんて知らないという方も多いでしょう。

いまだに、「延命治療をされるくらいならモルヒネで安楽死させてほしい」などという言葉を聞くことがあります。

しかしこの20年くらいで、状況は大きく変わりました。

ある論文で、肺がん（のうちの非小細胞肺がん）の患者さんが早期から緩和ケアを並行

することで、命が延長する可能性が示唆されたのです（※52）。

さらに、早期からの緩和ケアに関する、複数の研究を統合した科学的根拠の強い研究も発表されています（※53）。

早期から緩和ケアを併用した群において、生活の質が有意に改善し、症状も軽くなり、抑うつも改善傾向が認められました。さらには、29％の死亡リスク減少と示されたことは興味深いです。

要するに、早い段階から緩和ケアを治療と並行して受けることは、命を延長させる可能性があるのです。

日本では緩和ケアというと「がん」それも「末期」という誤解が根づいています（※54）。実際はがんにおいても、末期に限らず、そしてがん以外の慢性病も対象となるのです。

緩和ケアを受けるか否か、という問いは妥当ではありません。緩和ケアは受けたほうがいいものだからです。しかし受けられる場所が限られています。

実際、地域差や病院差は大きく、がんだけという場合、さらには高度進行がんから末期になっていないと診てくれないという場合、自施設以外の患者さんを外来では診ていない、あるいは外来ではがん治療中の患者さんを診ていないという場合すらあります。

そのため、私は誰でもかかれる緩和ケアクリニックを先駆けて設立しました。

緩和ケアは末期の人に苦痛緩和を行うものではなく、WHO（世界保健機関）の定義でも、「生活の質を向上するアプローチ」とされています。つまり穏やかに生活することを、苦痛緩和や不安の解消、様々な対話や相談を通して支えてゆくことなのです。

そう考えれば、それが末期に限ったことではないのがすぐに理解できると思います。

現状は、緩和ケア＝末期と思い込んでいる方も少なくなく、最もそれを必要とする方々が緩和ケアを忌避する（治療の中止や諦めと捉えて）ということさえあります。

この誤解が解消すればいいと私も活動していますが、皆さんもぜひ緩和ケアについて知っていただけると、いざというときに役立つでしょう。

延命治療を受けるか、受けないかを決める

延命治療を選択したときに、家族に経済的や精神的な負担はかかると思われがちですが、そのような負担を避けるためにも緩和ケアを並行します。

延命治療というのは、主観的に変わるものです。

例えば、同じ90歳でも、一切の医療行為をしてほしくないという方もいれば、（多くはないですが）できる治療は限界まで行ってほしいという方もいます。

実年齢と主観的な感覚というのは異なります。

何歳になっても「もっと長く生きたい」とおっしゃる方もいます。

それはそれでその方の生き方であり、他人が善悪の評価を下すものではないでしょう。

さて、前者の方には、何をしても延命治療となるでしょう。

後者の方の場合は、どうでしょうか？　むしろ延命治療にならない治療が多いでしょう。

それは、主観によっても左右されるものなのです。

延命治療の経済的な負担に関して触れておきますと、医療費には上限があります。そして介護費にも上限があります。

70歳以上で一般的な所得者の世帯の場合、高額療養費制度の自己負担上限額は月に５万７６００円。４回目の月からは「多数回該当」になるので月に４万４４００円に下がり、年額だと57万２４００円。介護費は世帯の65歳以上の全員が利用者負担１割等の条件があれば、低額になり年44万６４００円が上限です。

合計で97万９２００円／年になりますが、さらには高額医療・介護合算制度があり、

41万9200円が戻ってくるようになっています。

あくまで、保険適用分に関してですが、56万円／年が最大限に医療・介護費の負担がかかる事例における限度の額ということになります。もちろん収入など様々な条件によって上下もあります。

延命治療は主観で変わると述べましたが、もし延命治療をガンガン行ったとすると、この上限になるでしょう。ただ延命治療を行わずとも、高額療養費制度の上限までは比較的容易に達するので、大して変わらないかもしれません。

他の保険外費用、例えば付添のヘルパーなどをつける、つけないなどで年間の支出は変わってくるでしょう。

緩和ケアの料金について知っておこう

日本で緩和ケアを受けるにあたっての料金は下記のようになります。

①緩和ケア外来……………外来緩和ケア管理料　2900円／回

②緩和ケアチーム（入院）…………緩和ケア診療加算　3900円／日

③ホスピス・緩和ケア病棟入院……緩和ケア病棟入院料1　5万0510円／日（31～60日　4万5140円／日　61日以上　3万3500円／日）

ただしこれらも保険の割合分の実負担になります。
また高額療養費制度が使用できます。

①緩和ケア外来のメリット・デメリット

緩和ケア外来のメリットは安いことです。
3割負担の方だと、2900×0・3で、870円のご負担です。しかも医療用麻薬が出ていない場合は、この外来緩和ケア管理料も取られませんから、再診料のみなどとなって、もっと安くなります。

問題点は、（A）必ずしも希望すれば受診できるとは限らないこと、（B）少なからぬ病院が、自院に通院中の患者さんのみを対象としていること（別の病院へかかっている場合は受診できない）、（C）緩和ケア専門の医師が担当しているとは限らないこと（他の科の医師が緩和ケア外来も行っている場合もあります）が主として挙げられます。

安価なことは最大のメリットですが、おかかりの病院に緩和ケア外来があるのならば、まずは受診を担当医などに相談するのがよいでしょう。とはいえ、そう簡単に受診できないこともあるので、一定の覚悟が必要です（それもあったので、フリーアクセスの緩和ケア外来専業クリニックを私は立ち上げました）。

②緩和ケアチーム（入院）のメリット・デメリット

緩和ケアチームは、医師だけではなく多様な職種から成るチームであり、患者さんを様々な専門家が支えるという点がメリットになります。

1回の回診を受けると、3900円／日かかります。

3割負担の方だと、3900×0・3で、1170円のご負担です。

入院日が増えますと、回診日も増えますので費用はかかります。例えば入院中に30回の回診を受ければ、11万7000円（3割負担ならば、3万5100円の自己負担）となります。

ただし、入院されている方は、高額療養費の限度額を超えることが多く、ある程度以上の負担はならされて一律の負担となります（収入によって上下あり）。

したがって、毎日緩和ケアチームの回診を受けても、もともとの病気の治療で限度額を超えてしまっているのならば、ほとんど身銭を切らずに緩和ケアの専門家たちの関与を受けることができるのは大きいです。

問題点は、（Ａ）緩和ケアチームの実力は千差万別であること、（Ｂ）他の科を主として行っている医師が緩和ケアも行っているという場合が実際には存在すること、（Ｃ）緩和ケアチームと担当医チームの協働で治療にあたるので必ずしも緩和ケアチームが力を十分発揮できるとは限らないことが挙げられます。

また①の外来を運営している緩和ケアチームもあれば、そうではない機関もあるので、（Ｄ）外来をやっているとは限らないこと、も挙げられるでしょう。

ただ、高額療養費の限度額を超える入院の場合ならば、先述したように、負担は増えずに緩和ケアチームの関与を受けられます。ぜひ利用するのがよいと考えます。

③ホスピス・緩和ケア病棟（入院）のメリット・デメリット

入院費用をひっくるめての値段なので、５万０５１０円／日（緩和ケア病棟入院料１で30日以内の場合）となります。３割負担の方だと、５万０５１０×０・３で、１万５１５３円／日のご負担です。

ただし、高額療養費の限度額を１週間以内に超えますので、それ以上の負担はなくなり、多くの方は10万円／月程度におさまるでしょう（ただし個室料などは別途）。

メリットは、緩和ケアの専門家が密に関与してくれることです。施設ごとに特色があり、ハードも様々なものがあり、自らが好まれるところに入院されるのが良いでしょう。

デメリットは、(A)必ずしも症状緩和目的の外来を行っていない、というケースがあることでしょう。入院予約の外来のみ行っているホスピス・緩和ケア病棟もあります。

また診療報酬の改定によって、現在は入院期間が長くなればなるほど、病院が損になるようになってしまいました。そこで、ずっと最期まで入院したい、という希望にそうのがやや難しくなっています。また(B)待ちが長い、(C)抗がん剤治療中は入院予約外来を受けない施設がある、というような、アクセスが難しいという問題点があります。

昔も今も、ホスピス・緩和ケア病棟の入院を待っている間に……という状況があるのは変わりありません。一般には、抗がん剤などのがん治療を受けることを早い段階で止められた患者さんが、元気なうちに申し込んでおかれるという使い方に向いています。

ただ以前と比べ、入院日数が延びるにつれて診療報酬が下がるという改定によって、施設から短期間の利用を推奨される場合がありますから、入院予約外来にて十分ご相談いただくとよいと存じます。

以上が延命治療や緩和ケア関連の経済的な負担の説明になります。

それでは精神的な負担はどうでしょうか？

緩和ケアに関しては、ご本人が緩和ケアにかかるとご家族も良い影響を受ける可能性があるので、緩和ケア＝末期と勘違いしないで、ご本人もご家族も利用するのがよいでしょう。例えば、緩和ケアの対応で満足度は向上し、介護者の不安やうつの双方が改善したという研究もあります（※55）（※56）。

最近では、延命治療に関してでも、以前よりは質量ともに相談されるようになっています。本来、緩和ケアは意思決定支援も含みますし、世界保健機関の定義では「患者と家族が対象」とされており、家族のサポートが含まれます。

延命治療に関しては、「不開始」（始めない）と「中止」は世界的には等価なのですが、日本は伝統的に不開始には甘く、中止には厳しい状況です。

例えば、人工呼吸器を始めないことはニュースにならないのに、中止するとニュースになるのが典型です。世界的には、それらはほぼ等しい行為として捉えられています。

ただそのような状況があるため、不開始には同意してもらえても、中止は受け入れてもらえるとは限りません。

そのため、事前に十分考える必要がありますし、有事にもよく相談に乗ってくれる医療者に支援してもらうことが大切です。病院によっては緩和ケア部門をそのような事柄でのサポートで使うこともできるので、覚えておかれるとよいでしょう。

免疫療法などの代替医療をどう考えるか

エビデンスのない医療、保険の利かない医療を受けるときに注意することは、それが「賭け」に等しいということです。相当なリスクがあることを忘れてはなりません。

60代女性で膵臓がんを患う高橋さんは悩んでおられます。

高橋さんは、かかりつけ医のそっけない態度と、単刀直入すぎる説明の言葉に疲弊していました。

「先生、他に治療はないですか?」

「ないですね」

「ではこれが効かなかったら?」

「それは、緩和ケアに行ってもらうことになります」

もちろんこのような〝緩和ケア〟の使い方は間違っています。

彼女はよく調べていました。

「早期からの緩和ケアは……」

「緩和ケア？　早いですよ。今からは」

予想通りの返答でした。彼女はネットでいろいろな情報を調べていました。そこで見つけたのは、

「――膵臓がんにも多数の実績。Aワクチンで膵臓がんに効果」

というBクリニックのネット広告です。

散々悩んだ挙げ句、Bクリニックに行ってみると、かかりつけ医とは180度違う姿勢に驚きました。

「高橋さん、それは大変でしたね。一緒に頑張っていきましょう」

熟年の医師はあくまで優しく、高橋さんは涙ぐみました。

「先生、このAワクチンは本当に効くのですか？」

「もちろんですよ。皆さん、一生懸命に治療に励んでいます。高橋さんにも効果が出る可能性は高いと思いますよ」

複数回の免疫治療で200万円以上する治療でしたが、高橋さんはかかりつけ医とあまりに違うBクリニックのC先生の対応に、いっそのこと病院を移ってもいいかなと思った

のでした。

何が起こっているのか解説しましょう。

ここで、そのクリニックに一本化すると、高橋さんは「がん難民」となる確率が高くなります。がん難民とは、一般に、がんの高度進行期や末期の状態なのにもかかわらず、主治医と言える存在や、いざというときに入院する病院がなくなってしまうことです。

Bクリニックは、ベッドがありません。なのでAワクチンが効かずに状態が悪くなった際は、Bクリニックに入院することはできません。

しかし、もともとの病院では、主治医がC先生に移ったというように捉えるので、入院を受け入れてくれない可能性もあります。標準治療ではない治療への一本化は「賭け」の要素が強くなります。

「どうしても他の治療を足さないと落ち着かない」という方への最低限のお勧めは、標準治療はしながら、他の治療（のようなもの）を足すことです。

代替医療を単独で行うことは、リスクで言えば高い可能性があります。

乳がん、肺がん、大腸がん、前立腺がんでの、「非」転移例の調査で、代替医療のみ群は標準治療群と比較して死亡リスクが2・5倍、乳がんでは5・68倍であったという結果もありますね。

そして、もともとの病院との関係が切れてしまうことも、有事の入院先がなくなってしまうことにつながる可能性があるため、注意が必要です。

現状、治療を行う病院は忙しすぎます。そのため、もちろん医療者にもよりますが、感情に配慮した十分な対応ができていない場合も少なくありません。

ただそれは、日本のフリーアクセスで、相対的には低額で医療費を抑えるようにしていることの裏返しとも言えます。薄利多売なので、病院はたくさん診療しなければならず、そのため対応に影響が出るのです。

一方で、クリニックは患者さんが来ないと存続できません。

Aワクチンは保険が利く治療ではないため、全額自費で２００万円以上かかります。それを売ろうとするのですから、対応は良くて当たり前です。しかし、病状がさらに進んだとき、それまでとは打って変わって冷たい態度で突き放されるなども、患者さんから聞きます。

このような決断は命に関わることなので、できれば早期から緩和ケア外来などの、しっかりとした医療専門家にサポートしてもらうほうがいいでしょう。

最近では、そのような免疫治療系クリニックが自前で患者会を設けている場合などもあるようなので、純粋な心ですべてを信じていると大変なことになります。

相対的に安価なことと引き換えに、病院では必ずしも親切な対応を受けられるとは限らず、ある程度めぐり合わせや運の要素があります。

かと言って、それに嫌気が差して、親切なことをウリとする入院ベッドがないクリニック一本に通い先を絞るのは、実は危険な行為なので注意が必要です。

世の中甘くはありませんが、医療関係もうまい話ばかりではないので、十分注意して行動することが大切でしょう。

最期は、どこで死ぬかを考える

最期は病院と家で過ごすのはどちらがいいですか？

あるいはホームで過ごすのは？

実はこれらはよく聞かれる質問です。

皆さんはどこがいいと思いますか？

結論から言います。どこでもいいです。

ただしどこがいいかはその方やご家族次第です。

そしてもう一点、症状を和らげる技術や、終末期の症状の緩和や看取《みと》りなども含めた対応に習熟し、コミュニケーションが上手な医師に関わってもらうことが大切です。

・必ず訪れる立ち居振る舞いの低下、そのときをどう考えるか？

症状緩和自体は非常に進歩しています。

在宅医の中にも、もともとバリバリの緩和ケア病棟医やホスピス医だった医師がいますので、そのような医師が診てくれているケースでは鬼に金棒です。在宅医が関わってくれていれば、家でも病院でも緩和ケアの水準自体は大きく変わりません。

したがって、苦痛がひどいために家で生活できなくなるということは思われているほどは多くありません（在宅医の緩和ケアのスキルがあれば）。

問題になるのは、どんな病気でも終末期になると足腰が衰えるということです。最終的には、歩行は困難になり、トイレまで行くのも困難になってきます。そのような場合もポータブルトイレを使えますが、最終的にはベッド上での生活になります。

一方で、ことがんの場合は、（経過によっても異なりますが）比較的遅くまで立ち居振る舞いが保たれるので、そのような生活が長い種類の病気ではありません（あくまで一般的に）。

ただ、身の回りのことができなくなることは、ご本人及びご家族にとって、大きなストレスになり、不安にもなります。迷惑をかけるのは忍びないとして、自ら入院を決断される方もいます。

ご家族の介護力や精神状態で、もう介護が難しいとしてご家族が入院を決められる場合もあります。症状緩和というよりも、このような身の回りのことができなくなるために介護の負担が増えることが、終末期において入院のきっかけとなることは多いようです。

・最終末期の身の置きどころのなさ

現状は、いかなる緩和の技術を駆使しても、例えばがんの終末期の最後の数日は身の置き所《どころ》のなさが出現して一定以上の苦しさが出ることも多いものです。

その際は、うとうとと眠って苦痛を緩和するという鎮静の適応となります。

鎮静とは、モルヒネ「ではない」鎮静薬を用いて、穏やかに過ごせるようにすることです。

余命がある程度限られているならば、鎮静を開始しても余計に命を縮めることはないとされています。

また、死に至らしめるという安楽死ではありません。

現状、日本で特化したガイドラインが整備されているのはがんのみなのが難点です。

また鎮静は、医師によって理解の差がありますので、行ってくれるかどうかの他にも、調節のスキルに巧拙があります。鎮静ができるかつ行ってくれる医師に（特にがんの場合は）看取りの時期に関わってもらうことは非常に重要です。

在宅医のスキルの他に、これが必要となる状態や治療の意味、限界等を十分説明を受けて理解できる関係が構築されていないと、見ているのが忍びないので最後は病院で、という流れになることもあります。

・緩和ケア病棟と家で過ごすのはどちらがいいか？
はっきり言いましょう。
◯ご本人がどこで過ごすことを望んでいるか、家やホームでもマネジメントできそうな苦痛の内容か
◯ご家族がどう思っているか。ご本人の気持ちを叶《かな》えようとしているかどうか。マンパワー

的に、あるいはご家族の状況や各々《おのおの》の精神状態などにおいて在宅で支えられる力があるか

これらで最適な解は異なります。

ご本人が家などで生活することを望み、そこで生活できる苦痛レベルやADL（日常生活動作）水準があり、ご家族も家などでよいと考え、それを支えるマンパワーや精神的な状況があれば、間違いなくそこがよいでしょう。

ご本人が迷惑をかけたくないと病院（や緩和ケア病棟）での最期を希望し、ご家族もそれがいいと考えるならば、病院のほうがよいでしょう。

早い段階で身の回りのことが困難となり、体格が立派で、なかなか介護が大変で、介護者も配偶者しかおらず、苦痛が全般的に強い……というならば、総合的に考えれば、病院（がんの場合は特に緩和ケア病棟）がいいように見えます。

しかし、上記のような、比較的結論が出やすいケースばかりではありません。

医学的にはまったく問題なく、家で生活できるにもかかわらず、ご家族は絶対に在宅療養は無理、というケースもあります。

本心は家で生活したいし、ご家族もそれを望んでいる一方で、小さい子どもが3人もいて、とても家では無理……とご本人及び配偶者が悩まれたり……というようなケースもあります。最近は晩婚化も進んでいますから、定年間際でもまだお子さんが大きくない場合もありますね。

最適な解決策はそれぞれ異なりますし、ご本人とご家族の希望が割れている場合は、なかなかに着地点を見つけるのが困難な場合もありますし、軋轢《あつれき》を生じたりもします。

はっきりと答えが見えないときはどうしたらいいのでしょうか？　そのようなときこそ、プロセスを重視すべきです。

悔いがない決断となるのは、紆余《うよ》曲折があったとしても、十分ご本人とご家族が話し合ったケースです。

大切なのは、決めることというよりも、家で生活するのか、病院で過ごすのか、それを時間をかけて一緒に考えるという「プロセス」でしょう。

どこで過ごすかということに当たり外れがあるというよりは、究極的には、それをどう決めたのかというところで良い悪いが決まるのではないかとも感じます。

これだけみんなで悩んで決めたのだから……その思いが持てることは、支えになるものです。そしてなかなかそれを家族だけで行ってゆくのは大変ですし、積極的に医療者を巻き込んでいくことが大切です。

関わってもらっている緩和ケアの従事者は、このようなときに非常に助けになります。

緩和ケアの担当者に早くから関与してもらうことの意味のひとつはここにあるとも言えましょう。

病院と家、ホームで過ごすのはどこがいいかは、その方の希望や病気の状態、苦痛の程度や内容、生活の障害度、ご家族の思いや介護のマンパワー、精神的な状況など様々な要素によって決まりますし、個々で異なります。

もちろん後は、病院でも家でもホームでも、誰が関わってくれるかということが重要です。終末期の症状緩和や看取りが得意な在宅医がいるならば、病院よりも安心かもしれませんし、地域によってはあまりに在宅の医療提供元が少なく、病院のほうが安心という場合もあるでしょう。それらによっても変わります。

何が最善か、それをともに考えてくれる医療者を見つけて、よく相談し、みんなで相談することが、満足のいく決断につながると言えましょう。

なお、がんの場合は緩和ケア病棟の入院予約を行いつつ、在宅医に来てもらうことは普通なので、ぜひそうしていただくといいと考えます。二者択一に最初からガチガチに決める必要はなく、経過を見ながら最終決断に至ってもいいのです。

・身の回りのものをどうやって処分するか

身の回りのものを捨てなければと思うのですが、それぞれに思い出があって、なかなか捨てられないのですが……処分するメリットとデメリットを教えてください、そのような質問もあります。

これには、メリットもデメリットもあります。メリットは気持ちがさっぱりすること、デメリットはまた見たいと思っても見られないこと。

奥さん思いの70代の川田さんは、がんで穏やかに亡くなりました。

奥さんも献身的に介護し、病院で最期を看取られました。やりきられた印象もあり、穏やかなお顔で帰っていかれました。

数週間が経《た》ち、奥さんは病院にお礼にやってこられました。

沈鬱《ちんうつ》な表情をされています。時間が経ってから、より複雑な感情が押し寄せてくることはしばしばあるもので、亡くなられた直後よりもご遺族の心身の不調が時間の経過とともに出てくるということはめずらしくありません。

それにしては、あまりに元気がないような……。

奥さんが話された内容は衝撃でした。

やっと気持ちも落ち着いて、遺品整理を始めたときに事件は起こりました。

なんと押入れの奥から、次から次へと、様々な女性との写真や手紙がどっさり出てきたのです。

「しかも驚いちゃいました……最近までなんです」

彼女が写真に残っている日付などから整理すると、初代不倫相手、二代目不倫相手、三代目不倫相手……などと女性は絶えることなく、最近まで痕跡があったとのことでした。

「なぜ、夫は墓場にこれを持っていってくれなかったのでしょうか？　私に恨みがあったのでしょうか？」


生前は、奥さんに完璧に浮気を隠していたのです。

男性にしてはめずらしいかもしれません。それにもかかわらず、ツメだけが甘かったとしか言いようがありません。それを処分しさえすれば、奥さんの中では、素晴らしい夫だったのです。

そして奥さんがいつか最期を迎えるときでも、愛し愛された実感をもとに、旅立つことができたでしょう。川田さんは奥さんのその後を崩壊させてしまったのです。

ただ、意外に末期がんになっても、いろいろなものを処分できないという人は少なくありません。がんは比較的元気さが遅くまで保たれる病気なので、「まだ頑張れる」と準備を遅らせがちです。

また、脳梗塞や認知症など、身体や認知に障害を起こし、モノの処分を難しくさせる病気も少なくありません。すなわち、一寸先は闇なのです。

それでも、まだそれに備えている方は、きっと多くないはずです。

有事に準備できればよいのですが、先述のように、がんでも他の病気でもなかなかタイミング良くできない場合もあるのです。

川田さんがどのような心境で、女性たちとの思い出の品を処分しなかったのか、それは誰にもわかりません。ただ、奥さんのことを考えれば、あるいは自身の名誉を考えれば、捨てておいたほうがよかったことは間違いないでしょう。

処分にはメリットもデメリットもあります。

メリットは気持ちがさっぱりすることでしょう。

そもそも、普段使わないものは、最後まで使わないことが非常に多いと言われています。実は使わないものが本当に多いのです。そのため、いっそ処分することは何も問題ないと思います。

部屋がきれいなことは、精神状態と関係するという研究もあります。

アメリカのプリンストン大学が２０１１年に研究結果として発表していますが、乱雑な環境は認知能力と集中力を低下させるのだそうです（※57）。

もっとも、何でも捨ててしまうと、中には見たいと思っても見られないことが出てしまうかもしれません。

ただ川田さん、本当に時折見ていたのでしょうか？　おそらくは、それらの思い出が「ある」という安心感が中心だったのではないかと思いますね。

「まだ50代で処分するのは早いと思うのですが、気力体力があるうちに処分したほうがいいですか？」そんな質問を受けることもあります。

正直な話、お好みによるとしか言いようがありません。ただし、最近はかなりのものがデータ化できます。そうやって保管するという手段はあるでしょう。

また、自分のことを書くのは、精神的にいい効果があることは紹介しました。

皆さんの経験は皆さん固有の経験であり、もしかすると誰かの役に立つかもしれません。

その点で、自らのホームページをつくって、公表できそうなものは掲載してみるというような方法もあるのではないでしょうか。

ブログとして更新してゆくと、同じような趣味や価値観、仕事を持つ人とつながり、交流も生じるかもしれません。単に捨てるということに抵抗があるならば、そのような手段もあります。

「でも死後にパソコンは残るから、大丈夫かな？」

大丈夫です。最近では、死後にパソコンのファイルが自動削除されるフリーソフトもあります。

いろいろな考え方がありますが、私たちは何も持たずに生まれ、何も持たずに逝きます。それもまたよし、立つ鳥跡を濁さずです。

・最期にそばにいてもらいたいのは誰か

「エンディングノートや遺言書を書いておいたほうがいいですか？」という質問には、「書いておいていいでしょうね」とお答えしています。

ひとくちに遺言書と言っても様々な種類があります。

一般的な遺言書には、**自筆証書遺言・公正証書遺言・秘密証書遺言**があります。

・自筆証書遺言とは？

自分で作成するもので特別な手続きがいらず、つくりやすいのがメリットです。

遺言者が、遺言全文や日付、氏名を自書して押印すれば、その遺言書は遺言としての効力が認められます。ただし、遺言書の一部をパソコンで作成したり、作成日を年と月までしか書いていなかったりするなどの不備でも無効になってしまいます。

また、揉めやすいのもこの遺言です。

個人管理が必要となるので、偽造や隠蔽《いんぺい》が行われることがあり、遺言能力で揉めることや、不備による無効のリスクがあります。さらに、遺言書を見つけた相続人が家庭裁判所に遺言書を提出して検認手続きをしないといけません。置き場所を伝えておらず、どこに行ったかわからないという笑えない話もあります。

・公正証書遺言とは？

2人の証人が立ち会って、公証人が遺言者から遺言内容を聴き取りながら作成するもので、できた遺言書は公証役場で保管されます。保管されるので、偽造や紛失がないことや、不備などの問題が起こりにくいという確実性がメリットです。

デメリットは公証役場に申請が必要など、手続きの負担です。また手数料もかかります。相続が大規模なほど、手数料も上がります。

・秘密証書遺言とは？

遺言者が自前で作成した遺言書を２人の証人と同行して公証役場に持ち込み、遺言書の存在を保証してもらうタイプの遺言です。ただし、証人と公証人には遺言の中身は公開しないで、あくまで存在のみ確定させます。

この形式は、パソコンや代筆でもＯＫなのだそうです。ただし、署名と押印は必要になります。また内容は伏せて、存在だけは知らせることができます。

ただこちらも、不備による無効の可能性や、保管は自分なので紛失などのリスクがあること、手数料もかかることなどのデメリットもあります。

紛失・盗難のリスクを避けられないのも秘密証書遺言のデメリットです。

一般には、秘密証書遺言よりも公正証書遺言のほうがよいとされています。

他に病気や事故などで死が目前まで迫っている状況で可能な遺言形式である特別方式遺言があります。

例えば、一般臨終遺言（一般危急時遺言）は、疾病などによって死が迫っている状況で行う遺言で、遺言者のみ死が迫っている場合に利用できるものです。

民法で以下の要件が定められています。

「証人3人以上が立会い、遺言者が口頭で遺言の内容を説明」「口授を受けた証人がそれを筆記」「筆記された内容を、遺言者及び他の証人に読み聞かせる、あるいは閲覧する」「各証人が筆記が正確であることを承認後、遺言書に署名し捺印《なついん》」し、さらに遺言書作成日から20日以内に家庭裁判所に対して確認請求をする必要があるというものです。

ただ死の間際の遺言はしばしばトラブルのもとです。

早めの作成がよいことは間違いないでしょう。

また遺言書だけだと、人間関係やおつき合いのことを記すことができず、実はそれらが死後に家族を悩ませるものであり、遺言書だけではなく「エンディングノート」を書くことが勧められます。

エンディングノートとは**「自分の死後、遺された人に伝えておきたい覚書」**の総称であるとされますが、死後に限らず、自らの終末期に家族やそれに準じる人々に伝えておきたいことを記しておくものでもあります。

自らが有事の際にどうしてほしいか（医療や葬儀、死後のことなど）や、自分のこれまでの生き方や大切にしていたことを事前に書いておき、もし自らの意思を病気や死によって直接示すことができなくなったとしても、そのノートの内容に則《のっと》って家族は手続きを進めることができ、また自らの思いを家族に伝えることができるのです。

死後に家族は様々な諸手続きに悩まされます。

現在は契約社会になっているので、契約の解除・解約、名義の変更などにも家族は多大な労力を強いられることがあるため、本当は自らの死期を見つめて、自ら準備してあらかたなし終えておくことがよいとは思われますが、エンディングノートで細やかに記載して、死後に家族ができるだけ負担なく動けるように、ということもできるでしょう。

私が作成したエンディングノートを次章で紹介しますので、参考にして使っていただくとよいと思います。

第6章

死ぬときに後悔しないために書いておく22のこと

後悔を少なくするために自分で決めておくこと

誰よりも早く準備をする際に、何も目安がなければ難しいでしょう。

このようなことを考えて決めておけば後悔が少ないだろう……現場で2000人以上を看取《みと》ってきた経験から感じたものを、この後の項目に込めました。

ぜひ考え、話し合う材料にしていただければ幸いです。

なお、すぐにすべてを埋める必要はありません。空白があってもいいのです。

ただ皆さんにとって一つひとつの項目がどうなのか、それをよく考えて記していただければ幸いです。記述が多くて大変かも知れませんが、埋めることで、これまでの生き方を振り返り、そして目の前に新しい人生の扉が開くことを願っています。

1 後悔の章

死ぬときに後悔する理由。それはいろいろあります。

ただ死は思っているより、大抵の場合近くにいるということがその理由のひとつでしょう。

例えば、今日本で3人に1人が亡くなっているがん。次ページの図を見てください。そう、がんの経過は早いのです。最後の2か月は機能の低下が進み、これまで自らが難なくできたこともできなくなってしまいます。心臓や肺の病気も、最後は早いことが多いです。つまり準備はおうおうにして後手後手に回るということです。

それはばかりではなくて、例えば不慮の事故による死者は、2009年のデータだと日本全国で約13分30秒に1人という計算になります。死は決して他人事《ひとごと》ではありません。今日まで普通に訪れていた明日が、もうないかもしれないのです。つまり、今死んだら後悔すると思うことを処理してゆくことが大切だとわかります。

それでは皆さんに質問です。以下のことに後悔しますか？　一つひとつチェックしてみてください。そして後悔しそうなことがあったら、それを処理するためにどうしたらよいのかを右側に書き加えてください。

死にいたるまでの経過

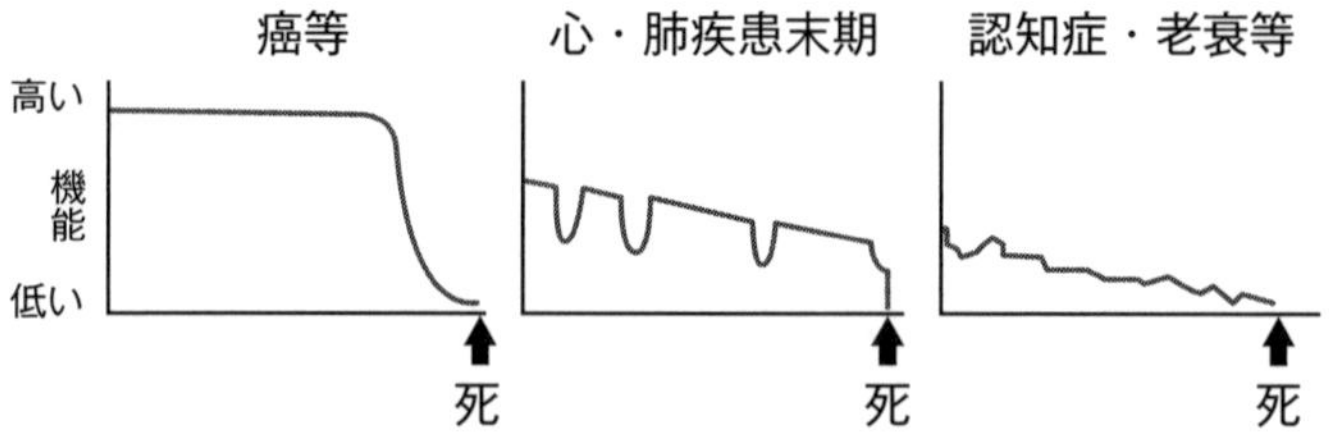

比較的長い間機能は保たれ、最後の 2 か月くらいで急速に機能が低下する経過

急性増悪を繰り返しながら、徐々に機能が低下し、最後は比較的急な経過

機能が低下した状態が長く続き、ゆっくりと徐々にさらに機能が低下していく経過

Lynn J : Serving patients who may die soon and their families.
JAMA, 285 : 925-932（2001).（篠田知子訳：Medical Asahi, : 2006, 80-81）

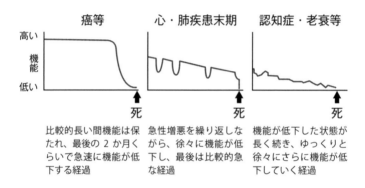

Q1 最期に後悔すると思うこと

□ 健康を大切にしなかったこと

□ タバコを止《や》めなかったこと

□ 生前の意思を示さなかったこと

□ 自分のやりたいことをやらなかったこと

□ 夢を叶《かな》えられなかったこと

□ 感情に振り回された一生を過ごしたこと

□ 他人に優しくしなかったこと

□ 自分がいちばんと信じて疑わなかったこと
□ 遺産をどうするかを決めなかったこと
□ 自分の葬儀を考えなかったこと
□ 故郷に帰らなかったこと
□ 美味《おい》しいものを食べておかなかったこと
□ 仕事ばかりで趣味に時間を割かなかったこと
□ 行きたい場所に旅行しなかったこと
□ 会いたい人に会っておかなかったこと

□　記憶に残る恋愛をしなかったこと

□　子どもを結婚させなかったこと

□　自分の生きた証《あかし》を残さなかったこと

□　生と死の問題を乗り越えられなかったこと

□　神仏の教えを知らなかったこと

□　愛する人に「ありがとう」と伝えなかったこと

□　その他（　　　　　　　　　　　）

アップル社の故スティーブ・ジョブズ氏は有名な講演でこう言いました。

「（17歳のときから）現在に至るまで33年間、私は毎朝鏡を見て自分にこう問いかけるのを日課としてきました。『もし今日が自分の人生最後の日だとしたら、今日やる予定のことを私は本当にやりたいだろうか？』それに対する答えが〝いいえ〟の日が幾日も続くと、そろそろ何かを変える必要があるなと、そう悟るわけです」

Q2 **もし今日が自分の人生最後の日だとしたら、何をしますか？**
そしてそのためにどうしますか？

アルフォンス・デーケン先生はこう提案しています。
まず、自分の人生にとって大切だと思う10項目を挙げ優先順位をつけてみます。
次に自分はそれぞれに（例えば1週間のうち）どれだけ時間を使ったかを書いてみます。
順位と時間に調和が取れているかを点検し、軌道修正してみましょう。

Q3 **自分の人生において大切なことを10項目挙げてみてください。**
そしてそれぞれにどれだけ時間をかけているかを書いてみてください

2　家族の章

致知出版社が、今死んだら後悔することを「死ぬときに後悔すること26～」としてアンケートを取りました。すると多かったのが、ご家族との関係でした。紹介しましょう。

・父母へ

●親孝行できなかったこと。
●生き方や考えが理解できず、反発して口をきかなかったこと。
●一緒に晩酌できなかったこと。
●悲しませたまま見送ったこと。
●故郷の年老いた父母の家を継がずに帰れなかったこと。
●親の愛情に気づけなかったこと。

・配偶者へ

●仕事ばかりだったこと。

●「愛している」と言えなかったこと。

・子どもへ

●何も残してやれなかったこと。

●育児を楽しいと思えなかったこと。

●子どもたちに均等な思いやりを持てなかったこと。

●心を割って話ができなかったこと。

●一緒に過ごす時間を十分にとれなかったこと。

いつか家族も終わると思えば愛せるはずなのに、なかなか愛せません。だからその悔いが残り、いよいよの場になってそれが眼前に現れるのです。私はご家族へ皆さんの思いを伝えることをお勧めします。そのために有用なのが、ディグニティセラピーの質問です。皆さんも、ぜひこの後の質問に答えていただき、直接、あるいはこのノートで間接的に思いを伝えましょう。

Q4 以下を書いてください

① 人生でいちばんの思い出として残っていること、最も大切だと考えていることは、どんなことでしょうか？　人生でいちばん生き生きしていたと思うのは、いつでしょうか？

② 皆さん自身のことで、ご家族に知っておいてほしいことや、ご家族に憶えておいてほしいことが、何か特別にありますか？

③ （家族内の役割、職業上の役割、そして地域での役割などで）人生で果たしてきた役割のうち最も大切なものは、何でしょう？　なぜそれは重要なのでしょう？　そしてその役割において、成し遂げたことは何ですか？

④ 成し遂げたことで最も重要なことは、何ですか？　いちばん誇らしく感じたことは何

ですか？

⑤　愛する人たちに言っておかなければならないと感じているけれども、伝えられていないことはありますか？　できればもう一度言っておきたいことがありますか？

⑥　愛する人たちに向けての希望や夢はどんなことでしょうか？

⑦　人生から学んだことの中で、他の人に伝えておきたいことは、どんなことですか？ご家族に残しておきたいアドバイスや教訓、導きの言葉は、どんなものですか？

⑧　このずっと残る記録をつくるにあたって、他に加えておきたいものがありますか？

3 医療の章

余命６か月以内の終末期である場合、病名、治療方針、余命、延命処置の希望が患者本人よりもご家族に先に、あるいは家族のみに相談されるケースが少なくないことが知られています。

つまり、ご家族がいちばん真実の状況を知ることになるということです。皆さんの代わりにご家族がいろいろなことを決定されることも少なくありません。一概にこのことのよしあしは言えませんが、とにかく自らの意思を遵守《じゅんしゅ》してもらいたいときは、家族における代理人を誰にするかを決定しなければなりません。

Q5 何かあったときに、ご自身の代わりを務める代理人（キーパーソン）はどなたですか？　またその方に自らの希望を伝えてらっしゃいますか？

Q6 病名などの告知についての希望。以下のことがわかった場合に、それがたとえ厳しい内容でも聞きたいですか？ またどのような伝え方を望まれますか？

□ 病名
□ 治療方針
□ 余命
□ 延命処置のこと
□ その他

○病状説明などの程度

A　悪いことも含めてすべて話してほしい。
　今後予測される悪いことに関してもすべて話してほしい。

B　悪いことも含めて率直に話してほしい。
　ただ、今後予測される悪いことまでは怖いのであまり聞きたくない。

C　悪いことでも言い方を考えて、手心を加えて話してほしい。

多少正確さを欠いても、なるべく良く伝えてほしい。悪いことはあまり聞きたくない。

D　治療や今後の準備に支障があっても、悪いことは〝一切〟聞きたくない。
（※治療や今後の準備に支障が出る可能性があります）

Q7　療養場所についての希望

①　余命が差し迫る（予後数週）まで療養したい場所はどこですか？

②　余命が差し迫った場合（予後数週以内）に療養したい場所はどこですか？

③　他に付け加えたいことはありますか？

Q8　医療行為についての希望

回復の可能性が高くないときに、以下の医療行為を望みますか？

□　心停止・呼吸停止の場合の心肺蘇生

（心臓マッサージ／挿管と手押し酸素バッグによる人工呼吸／蘇生薬の使用）
□人工呼吸器の装着
□血圧低下の際の昇圧剤の使用
□輸血の施行
□（むくみが増え、全体的な苦痛が増えている際の）輸液の施行
□（点滴や胃ろうからの）栄養補給
□その他

また次のような場合の胃ろうはどうでしょうか？　なお胃ろうには、回復可能性が高い胃ろう（例えば脳梗塞後遺症で嚥下《えんげ》が中心に障害されているが全身状態は良い場合）と回復が難しいだろう状況での胃ろう（例えば認知症末期や、末期がんなどの場合）と、その間のケースがありますので、よく医療者に尋ねてみるとよいでしょう。

A　回復可能性があっても胃ろうは絶対してほしくない
B　回復可能性があるならば胃ろうはしてほしい。可能性が低いならばしてほしくない
C　基本的には胃ろうを行ってほしい

Q9 療養環境についての希望

以下の環境を望みますか？　望まない場合は、それに伴って何らかの不利益が生じても大丈夫ですか？

1 （終末期の）身体拘束・抑制
2 尿道カテーテルなど管類の挿入
3 モニターなどの装着
4 その他

Q10 死が近い際に望むことを書いてください

求められているイメージでもかまいません。（例：「なるべく苦痛を取って眠らせてほしい」「なるべく起きていたいので苦痛があっても寝かせないでほしい」「臨終にはみんなが間に合ってほしいのでなるべく早めにみんなを集めてほしい」「その場にいる人たちで看取ってくれてかまわない」など）

Q11 死後に望む医学的なことはありますか？（例えば臓器移植や献体など）

Q12 認知症や寝たきりになって、かつ自分の意思が表示できなくなってしまったときは、どのようにお考えですか？

4 財産（および各種契約）の章

「子ども同士が不仲である場合」「子どもがいなくて、きょうだいが多い場合」「相続人である子どもが2人以上いて、主な財産がひと組の土地建物だけの場合」などは遺産相続で揉《も》めるリスクがあることが知られています。皆さんは大丈夫でしょうか？

Q13 遺言書は書いてありますか？

自筆証書遺言ですか、公正証書遺言ですか？　財産があるならば、ぜひ作成しておきましょう。財産を残したい人に残せるようになっていますか？

Q14 借金はありますか？　ある場合にその処遇は決定していますか？

実は、遺言書だけではカバーされない範囲が増えています。特に、死後に家族が様々な諸手続きに悩まされることがあります。現在は契約社会なので、契約の解除・解約、名義の変更などにも多大な労力を強いられることが多々あります。

Q15 以下の項目について内容と対処法を書いてください

①　預金・貯金口座
②　貸金庫
③　投資信託・債券など
④　生命保険契約
⑤　土地・建物の所有
⑥　ゴルフ会員権

⑦ インターネット上の有料サービス契約
⑧ その他の有料会員契約
⑨ 自動車・二輪車・船舶の所有
⑩ 年金関係
⑪ 賃貸借契約（貸家・貸地・借家・借地、その他、物の貸借）
⑫ 保証契約の有無（連帯保証契約・根保証契約なども含む）
⑬ 未認知の子の有無
⑭ その他、重要な契約

5 葬儀の章

葬儀は故人と家族の求めるものが異なるために、しばしば故人が望んだものと異なってしまう難しさをはらんでいます。それゆえに、自ら準備をしておくことが有効です。

最近は様々な葬儀の形があり、また予算の範囲内で上手にニーズにこたえてくれる業者もいます。葬儀はどのように行いたいと思われますか？

Q16
葬儀におけるあなたの代理人（キーパーソン）はどなたですか？
死後に、ここに書いていないことで個別の判断が必要なものは、
その方が責任を持って判断するということでよいですか？

Q17
葬儀はどこに頼みますか？
予算はどれくらいで（及びどこから費用が出るか）、
どういう内容（形式も含む）のものがよいですか？

Q18
お墓はどこがいいですか？　分骨・散骨などの希望はありますか？

Q19
遺品の処遇、形見分けで何かご希望はありますか？

Q20 **葬式に誰を呼んでほしい、誰を呼んでほしくないなどはありますか？**
また葬儀後にも、特につき合いを続けてほしい方などいたら、
その方の名前とどれくらいの期間かなどを教えてください

Q21 **葬儀に関して、他に何かご希望はありますか？**

Q22 **これまでにお書きになってこられたことの他に、**
お伝えしたいことがあればお書きください

以上です。できればこのようなことを話し合いのきっかけにしてくれると、とてもよいと考えます。

死に時は選べないと言うが……9／168の確率

80歳近い宮田さんの死に顔は穏やかでした。

そして、それを見守る息子さん夫婦、そして愛していた孫の健太くんも落ち着かれています。

「お義父《とう》さん。先生、来たよ！」

私の心も震えていました。

確率、９／１６８。ヒャクロクジュウハチ・ブンノ・キュー。

それは確かに、偶然ではないと感じたからです。


宮田さんは、仕事一筋でした。

何十年も同じ仕事を続け、ご家族から見ても真面目な人だったそうです。

私は非常勤の在宅医としてお家《うち》に伺っていましたが、いつも落ち着いて穏やかなご様子が印象的でした。がんは難しい頭頸部《とうけいぶ》がん。治療を行ったものの甲斐《かい》なく、末期がんと診断されていました。

まださらなる治療を続けることもできたかもしれません。

しかし、彼の意思ははっきりしていました。

無理な治療は望まず、できるだけ家で。

それで私がお家に伺うことになりました。


「ご調子はどうでしょうか？」

私が尋ねると、宮田さんはいつでも穏やかに「大丈夫です」そうおっしゃいます。

一方で病魔は少しずつ進行していました。

私が息子さんにいざというときの入院先について尋ねると、すでに緩和ケア病棟も申し込んでいるとのことでした。

穏やかに家で過ごし、いざというときは緩和ケア病棟で……その準備はしっかりとできていました。


季節が変わる頃になると、それまでゆるやかだったがんの進み具合がより急速になってきました。身の回りのことも次第に行うのが困難になってきたのです。

首の腫瘍部の痛みを訴えられることも増えていました。

ただ、いつでも宮田さんは「大丈夫。先生にこの間、出してもらった湿布で良くなりました。それなのでまた湿布をお願いします」と穏やかな調子で言うのでした。

かなり我慢強い一方で、もしかすると家で過ごすこと、ご自分の望まれる場所で過ごすことのストレスの少なさもあったのかもしれません。

私も、できるだけ長く家で、そう願いました。

しかし、頭頸部がん特有の難しい問題が次第に出現してくるようになります。

頭頸部がんの難しい問題。

がんが皮膚に露出してくる場合もあるので、皮膚の潰瘍や出血などの問題もあるのですが、命に関わる問題があります。

それは窒息です。

内側に進展した腫瘍から分泌物が増え、空気の通り道を塞ぐことになるのです。

そのため、ある時期を過ぎると、頻繁にのどのつまりを訴えたりすることがあります。

窒息しかかったりすることもあるのです。

この時期に、より長く生きることを望まれる方は、気管切開をする場合もあります。

けれども宮田さんはこれまでの経緯から、その積極的な希望はありませんでした。特段の処置は加えず穏やかに最期をという思いがあったのです。

一方で、頻繁に窒息しかかる可能性があることは、一般的には家で看《み》ることを難しくさせます。在宅医や訪問看護師が入っていたとしても、24時間いるわけではありません。

ご家族は当然不安になるのです。

はたして、宮田さんも一度窒息しかかりました。

夜だったこともあり、ご家族も大変でした。

今後、またこのようなことも起こるかもしれない。

そのため、宮田さんの部屋で、宮田さん、ご家族、宮田さんに関わる医療者と介護者による相談が行われました。最近だと「人生会議」とも呼ばれるそれです。

もともと宮田さんは言葉数が多いほうではありません。

横たわって、私たちの相談に耳を傾けていました。

一般的には、入院するほうがもしかするとご家族もご本人も楽かもしれません。

けれども、息子さんたちが尋ねても「やはり家で……」とご希望は一貫しているようでした。そこは変わらなかったのです。

そのため、相談は一貫して、**「どうやったら家で穏やかに過ごせるか」**で話し合われ、入院の話が出なかったのは、宮田さんの思いを、ご家族も、いちばん密に関わっていた訪問看護師である山口看護師も十分それを大切にしていたからでした。

山口看護師に至っては、道で宮田さんのことを考えながら、「一度息子さんと相談しなくちゃな……」と思っていたら、ばったり息子さんと会ったというのです。

それくらいの熱意を持って、訪問看護を行っていることがひしひしと伝わってきていました。

息子さんのお嫁さんが言います。

「なかなか不安は否めません。またいつ同じようになるかと考えると……看護師さんはもっと来てくれますか？」

「もちろんですよ」

山口看護師は笑顔で答えました。

終末期の話し合いに、「絶対安心がいく結論」が出ることは稀《まれ》です。

病気が病気ですし、急変することもあります。

中には苦しまれる場合もあり、もちろんそのような場合も緩和の手段はありますが、在宅の場合にいつでも医療者がそばにいるわけでもありません。

そしてもうひとつ問題がありました。それは私が非常勤であることです。

もちろん私がいない時間も緩和ケアができる医療者がカバーしてくれます。しかし、確かに主担当医であり、宮田さんの緩和ケアをいちばん知っているのは私です。

一方で、私の不在をカバーするかのように、訪問看護師が頻度を増やしてケアにあたってくれ、私も心強く感じました。１００％の正解がないのが終末期であり、その話し合いもそうです。

大切なのはプロセスです。

限られた環境の中で、宮田さんにとっていちばんよいことは何なのか、それをああでもないこうでもないと話し合いました。みんな真剣に、何ができるかを考え尽くしました。

宮田さんは黙ってベッドの上で、私たちの話し合いを聞いていました。

話し合いにより一応の結論がもたらされようとしたとき、山口看護師はスッと輪を離れ、宮田さんのそばに寄りました。

「宮田さん、毎日来るのがいいかな？　それとも今まで通り、一日置きでいいかな？」

宮田さんは、かすれる声で言いました。

「今まで通りでいいよ。大丈夫……」

穏やかな宮田さん、いつものままでした。

宮田さんの気持ちは計り知れません。

ただ私たちは一切何も隠さず、ありのままを彼の前で話しました。

けれども嫌な顔も恐れる顔もなく、いつも通りでした。

むしろ安心しているようにも見えました。

「それでは宮田さん、また」

私が去り際にそう言うと、彼はいつもどおり、しかし、さらにかすれた声で言いました。

「はい、ぜひ」

それは彼のいつもの流儀でした。


部屋を移して、息子さん夫婦とも話し合いは続けられました。

息子さんも仕事をされている身です。お嫁さんもお子さん（宮田さんのお孫さん）の習い事や部活動で忙しい状況です。

普通だったら、「もう病院でいきましょう」となってもまったくおかしくない状況です。

実際、いざというときの入院先についてはさらなる検討も必要でした。

申し込んでいた緩和ケア病棟に緊急入院ができないことがわかったからです。

例えば、夜間などに急に呼吸困難で苦しいとなって、病院に入院を望んでも受け入れてもらうことはできません。

息子さんもお嫁さんも頭を悩ませているように見えました。

お嫁さんがふと言いました。

「でも、家でいいこともあるんですよね。息子……つまり本人の孫も結構関わってくれているんです。世話をしたりとかね」

「そう。親父《おやじ》は家にやっぱりいたいみたいなんです。難しいなあ……急に、ってのがあるからな」と息子さん。

どんな場合でも、家に医師が到着するまでにはある程度のタイムラグがあります。

息子さんは突然死の可能性があることは重々承知でした。

けれども、中途半端に気管に腫瘍分泌物が詰まってしまえば、のたうち回るほど苦しいかもしれません。

それを心配されていました。

もちろんそのような場合に、医師が到着するまでの対処法もお伝えはしていました。

そうは言っても、心配なのは当たり前です。

残念そうに息子さんはつぶやかれました。

「本当は先生に24時間、来てもらえれば最高なんですが……」

「すみません。夜間に別の仕事をしていることもあるので、申し訳ないです」

「そうですよね」

「ただ他の先生もいますし、24時間対応しています。もちろん私も毎週来ます。何かあったら遠慮なくご連絡ください」

「わかりました」


その後も宮田さんは何度か窒息しかかりました。それでも宮田さんは入院を望みませんでした。息子さん夫婦もぎりぎりの状態だったと思いますが、宮田さんの思いを汲《く》み取ったのでした。

息苦しさを緩和する医療用麻薬も処方されていました。

私がいない日に緊急往診をしてくれた医師からも、医療用麻薬の増量を提案されました。

ただ、かすれる声で宮田さんは息子さんに、はっきり言ったそうです。

「それで眠くなると……先生とも相談できない。何がいいのか、また先生が来る日を待ちたい」

息子さんが再度確認すると、目を見開きもう一度。

「私は大丈夫……。また先生が来る、そのときに相談する」

穏やかな、けれどもはっきりとした意思でした。


そして、その日がやって来ました。

朝、宮田さんはいつも通り起きられました。

息子さんは仕事がたまたま休みで、その様子を確認されています。

1時間くらいして、部屋を訪れると、宮田さんの呼吸が弱くなっているのを見つけました。ただ一切苦しそうな様子はありませんでした。

次第に呼吸は長くなり、静かに息が止まりました。

息子さんは脇でしっかりとそれを見届けました。

その後、関係各所に電話をしてくれました。

その日は、私が非常勤で他の施設に行っている日。ちょうどその回診が終わったところだったので、一報を受けて、宮田さんの家に急行しました。


宮田さんはまだぬくもりの残る身体《からだ》を横たえ、穏やかな微笑《ほほえ》みを浮かべたようなお顔で眠りについていました。お嫁さんが声をかけます。

「お義父さん。先生、来たよ！」

私の心も震えていました。
「先生……やっぱり先生を待っていたんだね。お義父さん」
1週間のうち、私が宮田さんを看取れる確率は、9時間／168時間。
それはわずか5・4％。
しかも、「たまたま」息子さんも仕事がない日。
宮田さんの仕事は、息子さんが引き継がれています。
宮田さんは仕事一筋でした。
誰にも手をかけることを潔しとしなかった、鮮やかな幕引きでした。
そしてそれは、もはや「たまたま」ではありませんでした。
「わざと」彼はそうしたのでした。
最後まで家で。
できるだけ誰にも負担をかけず。
そして最後は望む医師に看取ってもらう。
それは彼自身が用意したものだったのです。
病気の性質で言えば、とっくに入院になってもおかしくありません。
彼の思いとご家族の献身が、最後まで家で過ごすことを叶えたのです。

宮田さんは死病となるまでは、仕事一筋でした。

息子さんが立派にあとを継がれていても、それでも気になって、がんで臥《ふ》せった後も職場に行ってしまう、そうおっしゃっていました。根っからの生涯職人でした。

宮田さんの亡き奥さん、そして宮田さんのご両親、いくつかの遺影が微笑む宮田さんの部屋で、彼は旅立っていかれました。


家で過ごされる時間があったことは、ご家族にとってても必要なことだったと思います。

息子さん夫婦も、仕事や家事をしながら一生懸命介護をされました。

健太くんも、しっかりと宮田さんの世話をされ、宮田さんの健太くんを見つめる眼差《まなざ》しはいつでも温かかったそうです。男孫に世話をしてもらうなんて、どれほど嬉《うれ》しかったでしょうか。健太くんの介護も上達し続けていました。

見送る側にとって、その時間を持たせてもらったこと、精いっぱい考えて何が最善なのか悩み模索し続けたことは、やり切ったという思いと、そして後悔のなさにつながってくるのです。それは逝く方からの最後の贈り物です。死後も家族を守り続けるもの――。

そして何より、私の非常勤勤務時間にピッタリ合わせてくださったことは、私へも「看取らせてあげよう」との思いやりでもありました。

看取れる確率は５・４％ではなく、彼の意思が１００％にそれを押し上げたのでした。

「先生が来てくれて、義父《ちち》は安心していました。本当にありがとうございました」

お嫁さんがおっしゃります。

安心を与えられていたかどうか、究極的にそれはわかりません。

「大丈夫です」

居住まいを崩すことなく、穏やかで、いつもそうおっしゃっていた宮田さん。

本当に大丈夫だったかは、彼しか知りません。


しかし確かに、来訪を楽しみにしてくださっているようではありました。

湿布はあまり効かないと思いますが……と前置きして始めた湿布薬で、「おかげさまでとても良くなりました」そう嬉しそうにおっしゃってくれた姿。

臥せりながら「だるさが強くて……」とめずらしくつらさを訴えになられた夕、緩和薬のステロイドを処方し、次回にはいつも通りソファに座って出迎え「だるさが取れました。ええ、大丈夫です」とおっしゃってくださった姿。

様々な姿が去来します。

名残惜しくも、ただ、そろそろお別れのときです。

「死に時はなかなか選べない」という現実を思いっきり覆してくださった宮田さんに一礼しました。

「○時○分、お亡くなりです。ありがとうございました」

おわりに
誰よりも早く準備する健康長生き法の勧め

2000人以上の終末期の患者さんを看取《みと》ってきました。

2000人以上のそれぞれの人生がそこにありました。

あくまで医師として関わって見えてきたことは、

「人の人生は本当に思うようにならない」

ということです。


様々な要素に、人の一生は翻弄されます。

若さということは、自らを頼みとするところが大きく、流れに逆らってでも遠く遠くへ行けると「思える資質」を言うのかもしれません。

しかし人の自由は、いつしか気づかぬうちに侵食されます。

特に本書の読者の皆さんに多いでしょう中年期以降は様々な責任から、諸事を投げ出すこともできず、かろうじて踏みとどまっている、あるいは心に蓋《ふた》をして何とかそこにあり続けているというような場合もあるでしょう。

けれども、限られた人生の時間において悔いなく過ごし、旅立ちを迎えるためには、しっかりとした準備が必要です。そしてそれが生活を豊かにするのです。

はじめにで紹介し、本書でこれまで具体的に述べてきたように、核は3つあります。

- **健康は土台であり、本書で記した食事・運動・睡眠を実践すること**
- **人の4つの苦しみを知り、それぞれを減らし、生活の質を上げる**
- **「最悪に備えて最善を望む」**

これらは「今」の、次に「これから」の、そして「最後まで」、満足のいく時間を過ごすことにつながってゆくでしょう。

80代の方も、90代の方もたくさん拝見してきました。

皆さん口を揃《そろ》えて、

「あっという間だった」

「一生懸命生きていたら、今になってしまった」

そうおっしゃいます。

どう捉えるかは人それぞれですが、80年なり90年なりの人生とは言え、あっという間なのです。

40歳あるいは45歳を過ぎれば、平均寿命の観点からは、人生の後半戦です。

その人生の後半は、第二期、あるいは新章として、「強いられてきた」人生から、新たなそれぞれの求める価値に満ちた人生を模索して歩むことがいいのだと考えます。とは言え、40代から定年までは様々な責任も多いことでしょうから、おいそれとは生活を変えられないはずです。

しかし徐々に準備をし始めて、別の価値基準での生き方を始めてみることは、良い滑り出しとなるはずです。少なくとも、「人生後半をどう生きるか」という視点がなく歳《とし》を重ねるのと、その観点を持ちながら日々を過ごすのとでは大きな違いが出てくるはずです。

何をするにも身体《からだ》と心は資本です。その土台である健康と、それを可能な限り維持する方法については、詳しく解説しました。

できるだけ病気にならない可能性を上げる生活習慣は大切です。

身体が弱れば、楽しみも影響を受けてしまいます。

健康や気持ちのマネジメントに関係することは、今から始めることで10年後20年後を大きく変えることにつながっていくでしょう。

自らの身体も心も、人や社会との関係も、形づくるのは自分自身で、それの背景は食事と運動、睡眠などの生活習慣と思考です。

できるだけつらさや苦しさを遠ざけ、人生を楽しむことが肝要です。今の自分の「身体」「心」「社会的側面」「存在に関係すること」において何が問題かを折に触れてセルフチェックし、生き方や生活習慣を修正し、必要ならば早めに医師とも相談することです。

望む生き方をするのをアシストしてくれる医師を探し、活用することが大切です。

そして最後は**「最悪に備えて最善を望む」**こと。

本書で述べてきた「準備」こそ、まさしくこのことです。

いつ何があっても、怖くない。それだけの準備をしている。

それが今をめいっぱい楽しむことにもつながってくるのです。

最悪への備えは、生活の質を上げ、悔いの少ない人生や、日々を楽しむことにもつながってくるのです。

準備のために必要な地図はお渡ししました。

皆さんそれぞれの第二の船出の準備、及び航海の羅針盤や海図のひとつと本書がなってくれれば幸いです。

それでは皆さんの良い船旅と、その果ての満ち足りた帰港を願っています。

BON VOYAGE。

2019年11月

大津秀一

大津秀一（おおつ・しゅういち）

早期緩和ケア大津秀一クリニック院長。茨城県出身。岐阜大学医学部卒業。日本老年医学会専門医、日本緩和医療学会緩和医療専門医、総合内科専門医、日本消化器病学会専門医、がん治療認定医。2006年度笹川医学医療研究財団ホスピス緩和ケアドクター養成コース修了。内科専門研修後、ホスピス・在宅・ホームなど、様々な医療機関で老年医療、緩和ケア及び終末期医療を実践。東邦大学大森病院緩和ケアセンター長を経て、早期緩和ケアの普及・実践のため、2018年8月に遠隔診療を導入した早期緩和ケア（診断時やがん治療中からの緩和ケア及びがんに限らない緩和ケア）外来専業クリニックをさきがけとして設立。高齢の方も含め全国の患者さんをオンライン診療している。

老年医療の専門医が教える
誰よりも早く準備する健康長生き法

2020年1月15日　初版印刷
2020年1月25日　初版発行

著　　者　大津秀一
発 行 人　植木宣隆
発 行 所　株式会社サンマーク出版
〒169-0075
東京都新宿区高田馬場2-16-11
（電）03-5272-3166
ブックデザイン　萩原弦一郎（256）
本文DTP　伏田光宏（F's factory）
校　　正　株式会社ぷれす
企画協力　アップルシード・エージェンシー
編　　集　鈴木七沖（なないち）
印刷・製本　中央精版印刷株式会社

ISBN978-4-7631-3797-5　C0030
ホームページ　https://www.sunmark.co.jp

注釈

【序章】

P26（※１）定年後は月８万円稼ぐことができれば十分だ

https://toyokeizai.net/articles/-/168843

P27（※２）「70 歳まで働く時代」の現実

https://style.nikkei.com/article/DGXMZO47427840X10C19A7905E00/

【第１章】

P39（※３）難病情報センター

http://www.nanbyou.or.jp/

P41（※４）日本眼科医会

https://www.gankaikai.or.jp/

P47（※５）ベネッセの介護相談室：不眠症

https://kaigo-sodanshitsu.jp/usefulinfo/disease/05/

P60（※６）科学的根拠に基づくがん検診推進のページ

http://canscreen.ncc.go.jp/guideline/matome.html

P61（※７）

National Lung Screening Trial Research Team and others, ‘Reduced Lung-Cancer Mortality with Low-Dose Computed Tomographic Screening’, The New England Journal of Medicine, 365.5 (2011), 395-409

P61（※８）

A population-based cohort study to evaluate the effectiveness of lung cancer screening using low-dose CT in Hitachi city, Japan. Jpn J Clin Oncol. 2019 Feb 1;49(2):130-136.

P62（※９）「UpToDate」

https://www.uptodate.com/ja/home

P66（※ 10）脳神経外科疾患情報ページ

https://square.umin.ac.jp/neuroinf/medical/102.html
P66（※ 11）くも膜下出血（白十字病院　脳神経外科）
http://www.fukuoka.hakujyujikai.or.jp/department/diagnosis/pdf/neurosurgery_kumomakka.pdf

【第２章】
P74（※ 12）
「Risk thresholds for alcohol consumption: combined analysis of individual-participant data for 599 912 current drinkers in 83 prospective studies」
P74（※ 13）
「Alcohol use and burden for 195 countries and territories, 1990-2016: a systematic analysis for the Global Burden of Disease Study 2016」
P75（※ 14）
「Serial measures of circulating biomarkers of dairy fat and total and cause-specific mortality in older adults: the Cardiovascular Health Study」
https://academic.oup.com/ajcn/article/108/3/476/5052139
P75（※ 15）
「Aram V. Chobanian and others, 'The Seventh Report of the Joint National Committee on Prevention, Detection, Evaluation, and Treatment of High Blood Pressure: The JNC 7 Report', JAMA, 289.19 (2003), 2560-72」
P76（※ 16）
「Nathalie Druesne-Pecollo and others, 'Beta-Carotene Supplementation and Cancer Risk: A Systematic Review and Metaanalysis of Randomized Controlled Trials', International

Journal of Cancer, 127.1 (2010), 172-84」
P76（※ 17）
「Estimation of Total Usual Calcium and Vitamin D Intakes in the United States」
https://www.ncbi.nlm.nih.gov/pmc/articles/PMC2838624/
P76（※ 18）
「Effects of Nutritional Supplements and Dietary Interventions on Cardiovascular Outcomes: An Umbrella Review and Evidence Map」
https://annals.org/aim/article-abstract/2737825/effects-nutritional-supplements-dietary-interventions-cardiovascular-outcomes-umbrella-review-evidence
P79（※ 19）がん細胞が糖質を数倍も吸収するためがん患者に糖は毒？　がん罹患後の糖質制限食・ケトン食に根拠はあるか
https://news.yahoo.co.jp/byline/otsushuichi/20190821-00139189/
P80（※ 20）「やせるため」
https://www.ncbi.nlm.nih.gov/pubmed/15632335
「糖尿病の場合」
https://www.ncbi.nlm.nih.gov/pubmed/24390522
P80（※ 21）「ランセット」に掲載された研究
Associations of fats and carbohydrate intake with cardiovascular disease and mortality in 18 countries from five continents (PURE): a prospective cohort study. Lancet. 2017 Nov 4;390(10107):2050-2062
P82（※ 22）「PubMed」
https://www.ncbi.nlm.nih.gov/pubmed/23404536
P82（※ 23）「国立がんセンター　予防研究グループ」
https://epi.ncc.go.jp/jphc/outcome/8099.html

P85（※24）
PREVENTION AND MANAGEMENT OF TYPE 2 DIABETES: WHICH DIET IS BEST ?
https://www.touchendocrinology.com/insight/prevention-and-management-of-type-2-diabetes-which-diet-is-best/
P85（※25）
Overweight and diabetes prevention: is a low-carbohydrate ? high-fat diet recommendable ?
https://www.ncbi.nlm.nih.gov/pmc/articles/PMC5959976/
P85（※26）
Improved lifestyle and decreased diabetes risk over 13 years: long-term follow-up of the randomised Finnish Diabetes Prevention Study (DPS)
https://link.springer.com/article/10.1007%2Fs00125-012-2752-5
P86（※27）「MYLOHAS 糖質制限ダイエットの正しい方法」
https://www.mylohas.net/2018/02/toshitsu_2.html
P86（※28）「心血管疾患リスク評価」
http://www.m-junkanki.com/kennsinn/kennsinn_ND80_CV.html
P87（※29）
Dietary Intake of Saturated Fatty Acids and Incident Stroke and Coronary Heart Disease in Japanese Communities: The JPHC Study, European Heart Journal, 34.16 (2013), 1225-32
P91（※30）
What Is the Association between Sedentary Behaviour and Cognitive Function? A Systematic Review, British Journal of Sports Medicine, 2016
P91（※31）
Matthew P. Herring, Patrick J. O'Connor, and Rodney K. Dishman,

'The Effect of Exercise Training on Anxiety Symptoms among Patients: A Systematic Review', Archives of Internal Medicine, 170.4 (2010), 321-31
P92（※ 32）早期緩和ケア大津秀一クリニック公式サイトより
https://kanwa.tokyo/exercise

【第３章】
P108（※ 33）
Use of Alternative Medicine for Cancer and Its Impact on Survival
https://academic.oup.com/jnci/article/110/1/121/4064136
P141（※ 34）国立がん研究センター　がん情報サービス「乳がん検診」
https://ganjoho.jp/public/pre_scr/screening/breast_cancer_qa.html
P141（※ 35）国立がん研究センター　がん情報サービス「子宮頸がん」
https://ganjoho.jp/public/cancer/cervix_uteri/index.html
P142（※ 36）
Gastroenterology. 2014, 147(5):1021-30
P143（※ 37）
A population-based cohort study to evaluate the effectiveness of lung cancer screening using low-dose CT in Hitachi city, Japan. Jpn J Clin Oncol. 2019 Feb 1;49(2):130-136.
P143（※ 38）
Vaccines for preventing pneumococcal infection in adults: Cochrane Systematic Review
P144（※ 39）
65 歳以上の成人に対する肺炎球菌ワクチン接種に関する考え方（第

２版）　日本感染症学会
http://www.kansensho.or.jp/modules/guidelines/index.php?content_id=17

【第４章】

P153（※ 40）
Active Brain CLUB。背外側前頭前野と背内側前頭前野
https://www.nig.ac.jp/nig/images/research_highlights/PR20140417.pdf
P153（※ 41）健康長寿ネット
https://www.tyojyu.or.jp/net/kenkou-tyoju/rouka/nou-keitai.html
P153（※ 42）
参考；国立長寿医療研究センター　No.13 動くことは脳を鍛えること
https://www.ncgg.go.jp/cgss/department/ep/topics/topics_edit13.html
P154（※ 43）
Yuki A, Lee SC, Kim HY, Kozakai R, Ando F, Shimokata H: Relationship between physical activity and brain atrophy progression. Med Sci Sports Exerc, 44: 2362-2368, 2012.
P155（※ 44）アンガーマネジメントとは？
https://hyakkei-online.com/archives/3442
P158（※ 45）クローズアップ現代「“折れない心”の育て方」
http://www.nhk.or.jp/gendai/articles/3486/1.html
P159（※ 46）レジリエンスとは？
https://achievement-hrs.co.jp/ritori/?p=2526
P161（※ 47）
61 歳で受けた心臓手術で精神的にもダメージ　武田鉄矢を襲った

「老後クライシス」
https://headlines.yahoo.co.jp/article?a=20190728-00013039-bunshun-ent&p=1
P165（※ 48）ASCO journals
https://ascopubs.org/doi/full/10.1200/JCO.2013.50.3532
https://www.ascopost.com/News/12937
P165（※ 49）「ガン」になりやすい性格って？
http://news.livedoor.com/article/detail/15351004/
P167（※ 50）『The Type C Connection』https://www.amazon.com/gp/product/0394575237/ref=dbs_a_def_rwt_hsch_vapi_taft_p1_i0
P167（※ 51）Pub Med
https://www.ncbi.nlm.nih.gov/pubmed/10533861

【第５章】
P177（※ 52）
Early Palliative Care for Patients with Metastatic Non-Small-Cell Lung Cancer
https://www.nejm.org/doi/full/10.1056/NEJMoa1000678
P177（※ 53）
Early Palliative Care for Improving Quality of Life and Survival in Patients with Advanced Cancer: A Systematic Review and Meta-analysis.
https://www.omicsonline.org/open-access/early-palliative-care-for-improving-quality-of-life-and-survival-in-patients-with-advanced-cancer-a-systematic-review-and-metaanal-2165-7386-1000343.pdf
P177（※ 54）
Global Atlas of Palliative Care at the End of Life より

P185（※55）
Impact of early palliative care on caregivers of patients with advanced cancer: cluster randomised trial.
https://academic.oup.com/annonc/article/28/1/163/2669807
P185（※56）
Effects of Early Integrated Palliative Care on Caregivers of Patients with Lung and Gastrointestinal Cancer: A Randomized Clinical Trial.
https://www.ncbi.nlm.nih.gov/pubmed/28894017
P200（※57）
Scientists find physical clutter negatively affects your ability to focus, process information
https://unclutterer.com/2011/03/29/scientists-find-physical-clutter-negatively-affects-your-ability-to-focus-process-information/